子育ての社会化と
保育の無償化のために

「隠れ保育料」を考える

○編著
田中 智子
丸山 啓史
森田 洋
保育料以外の
負担を考える会

井原 哲人
岡田 佳子
景山 一正
末友 響子
藤井 伸生
本郷 浩二
吉田 忠正

かもがわ出版

はじめに　「隠れ保育料」から考える保育と子育て

〈子育てする保護者の立場で考える〉

待機児童問題、保育士不足、保育の無償化、幼児教育の重要性……。いま保育をめぐる議論が熱く交わされています。

女性の就労保障のための乳児期からの保育体制の整備、育児不安解消や貧困対策の一環として社会のなかで子どもの育ちを保障する場としての保育園の重要性、北欧では就学前教育として位置づけられているように子どもの学力形成における幼児教育の重要性など、多面的な議論が行われています。

先の総選挙の結果、保育の無償化を掲げた安倍政権が維持されることになりました。しかし、その後の議論（優先すべきは保育の無償化か待機児童対策か、誰を・どこまでを無償とするべきか、など）をみると、子どもが政争の具にされているのではないかと危惧されます。子どもは生まれてくる家庭を選べません。さらには、どの保育施設に入れるのか、どのような環境で育つのかも選べません。大人たちの事情によって、社会に出る前の子どもたちの生活世界が歪められ、社会が子どもたちの間に格差をつくるということは、あってはならないことです。また、無償化の対象となる子育て家庭とそれ以外の家庭、保育施設を利用している家庭とそれ以外の家庭など、本来なら同じ社会で子育てをする者として手を取り合える関係にある人たちが分断されかねない状況も生まれてきています。

子どもの貧困、子育て不安など、子育て家庭をとりまくさまざまな問題は、どうすれば解決できるのでしょうか。私たちは、子育てをする保護者の立場から、子どもたちの保育環境の整備と、それにかかる費用に誰が責任をもつべきなのかについて考え、とくに保育にかかる保護者負担の点から、すべての子どもたちの平等に育つ権利の保障に向けて、課題を整理しようと考えました。

〈「隠れ保育料」に焦点を当てて考える〉

この本では、自治体によって徴収される保育料とは別に、各園が独自に徴収する費用、保育園に求められて家庭から持参する現物などのいわゆる「隠れ保育料」に焦点を当てています。自治体によって徴収される保育料の高さはよく知られていますが、「隠れ保育料」は保育料に比べて安価であったり、園によって内容も金額も異なっていたりするため、保護者共通の問題意識につながらず、保育運動のなかでもあまり論点とされてきませんでした。

しかし、「隠れ保育料」にはさまざまな問題が潜んでいます。

第一は、子どもたちの育つ権利をめぐる問題です。いちおう所得に応じた設定とされている保育料とは異なり、「隠れ保育料」は、保育施設を利用するかぎり一律の負担が求められますから、多子世帯や貧困家庭ほど負担が重くなります。ほかにも、保護者会費や寄付金など、さまざまな形で保護者から保育施設にお金が流れる仕組みが存在します。その結果、遠方でも「隠れ保育料」が安い保育施設を利用したり、保育施設の利用そのものを抑制したりすることが起こります。これは、子どもたちの育つ環境が家庭の経済力に規定されるということです。これに拍車をかけているのが、各地で相次ぐ公立保育所民営化の流れです。民営化されるなかで、各園が生き残りをかけて打ち出す多様なセールスポイントは、そのまま保護者負担に跳ね返ることも少なくありません。

第二に、同じ時代に子育てをしている保護者たちが分断されるという問題です。「隠れ保育料」という保護者負担の問題は、保育施設を利用できる保護者・できない保護者、そして、保育施設を利用する保護者たちのなかでも、お金を払って自分の子どもをまもれる保護者・まもれない保護者、といった分断を生じさせています。前者は、母親の就労に直結する問題です。保育料をはじめとする保育費用の支払いと、母親の就労による稼得とが常に天秤にかけられ、結果として、母親の就労や社会のなかで子どもを育てるという権利が阻害されることになります。後者は、保育格差につながる問題です。子ども・子育て支援新制度において、保育の質の向上に寄与するという名目で「上乗せ徴収」が位置づけられました。これは「良い保育を受けたければ、お金を払うべし」と、政府が正式に宣言したということです。

さらに、企業主導型保育事業など、さまざまに異なる保育施設が制度化されるなかで、同じ保護者として手をつなぐことはむずかしくなり、また、保護者が保育環境を向上させるための法的な制度や基準といった保育の全体状況に目を向けるような広い視野をもつことも困難になってきています。

第三に、保育施設と保護者の信頼関係にかかわる問題です。子ども・子育て支援新制度が定める上乗せ徴収や実費徴収には、いちおう保護者の同意が必要とされています。しかし、保護者は入所させるだけで精いっぱい、保育園は細かい費目ごとに丁寧に同意をとるような手間をかけられない、という現実があります。

そのなかで、保護者にすれば、「なぜ一律に絵本が配布されるのかわからない」「なぜこの費用が取られるのかわからない」というように、納得できない気持ちをもちながら保育施設を利用せざるを得ません。また、お金のことを口にするのがはばかられる日本社会において、「お金のことに細かい人」という烙印を押されるのは、保護者としてもなるべく避けたいという雰囲気もあります。なにより「子どものために必要」と言われると、親としては何も言えなくなり、施設と保護者の信頼関係にひびが入りかねません。

第四に、施設がかかえる手間とジレンマの問題があります。たとえ1か月あたり数百円であっても、園としては経営上の問題と保護者間の公平性の観点から全保護者に費用の支払いを求めるわけですが、そのための手間は小さくありません。さらに、支払わない人がいる場合、その生活背景を考えながらも催促しなければなりません。このように本来の保育以外の部分で多くのエネルギーを割かなければならないという問題を「隠れ保育料」は引き起こします。

よりよい保育を行うために必要な経費が、公費ではなく実費負担の対象となることで、「子どもたちにこういう経験をさせたい」「こんな保育備品が欲しい」と思っても、それを保護者負担で行うことには躊躇するという現場も多いと思います。保育現場は、子育て家庭に寄り添い、生活背景を知れば知るほど、保護者負担を求められず、保育士が必要と考える保育ができないというジレンマをかかえることになります。

〈読者のみなさんへ〉

このような問題意識のもと、本書では、これまであまり語られることがなかった「隠れ保育料」について具体的に整理しています。また、自治体の対応策である「補足給付」や、いま提案されている「保育の無償化」政策の意図と問題点についても解説しています。お金の問題によって子どもの育つ環境に分離が生じるだけでなく、保育施設・制度を通して子育て家庭の格差が拡大再生産されている現状があるとすれば、それは保育の根幹を揺るがすような問題だと言えるでしょう。

子どもたちを社会のなかにどのように位置づけるか、それはその社会の成熟度をはかる羅針盤とも言えるものです。子どもたちをどのような社会に送り出すのか。格差が生活の隅々まで浸透し、多くの人が息苦しさを感じているような日本の社会でいいのか。いまこそ大人たちが知恵を出しあうときです。私たち執筆者は日常的に保育園にかかわっており、そのなかで生じる素朴な疑問から出発して本書を企画しました。私たちの問いかけが議論の手がかりになることを、執筆者一同期待しています。

▼本書では、子ども・子育て支援新制度のなかで定められている教育・保育の質の向上に充てるための「上乗せ徴収」と、保育施設を利用する際に保護者に負担させることが適当と認められる「実費徴収」、それらには含まれないものの保育施設を利用することで徴収される費用（保護者会費など）、現物で用意することが保護者に求められるものの費用など、保育所を利用する延長線上でかかるさまざまな費用を総称する言葉として「隠れ保育料」を用いています。

隠れ保育料を考える■もくじ

第1章 「隠れ保育料」とはなにか

保育施設に子どもを預ける場合、公的に定められた保育料以外に、各園によって取り決められた実費を支払う必要があります。公的な保育料の額の大きさに隠れて、これまであまり注目されてきませんでしたが、ここでは、保育料以外にどのような負担が実際に生じているのかという実態を、アンケートとインタビューをもとに明らかにしていきたいと思います。

(1) 保育施設へのアンケート調査から

アンケートは、京都市内の保護者会が参加する京都市保育園保護者会連合協議会（京都市保連）が実施し、その有志で設立した「保育料以外の負担を考える会」が分析をすすめてきました。

京都市内には、アンケートを実施した２０１６年10月現在、市営保育所が21か所、民間保育所が２２９か所あり、小規模保育事業所等も含めると３５３か所の保育施設があります。そのうち９割が民間による運営となっています。したがって、実費として徴収する費目も金額も、園ごとに多様です。

アンケートは、京都市内の全保育施設に郵送にて依頼状・質問票を送付、ファクスにて回収、全体で55施設から回答を得ることができました。質問項目は、2015年に自園で徴収した保護者の費用負担額を「主食費」「おむつ」「行事費」「宿泊保育」「教材費」「布団」「制服等」「通園バス」「保護者会費」「その他費目」に分類し、さらに、外部からの専門家・機関に保育にかかわる内容を委託している場合、その内容と費用負担についても尋ねるものでした。

(1)保育施設間の格差が大きい費用負担

今回の調査で、まず注目すべきことは、保育施設ごとの費用負担の差が非常に大きいということです。【表1】では、全保育施設における費目ごとの平均額を示しています。平均の合計と最小・最大値には大きな開きがあります。その結果、6年間在園した場合、最も低額の費用負担の園で5万円前後、最も高額の園では民間保育所で約45万円、認定こども園（表中は「認こ」と表記）では約50万円と、その差が9倍から10倍となっていました。

また、年齢別の費用負担額を見ていくと、0、3、5歳児に特徴的な費用負担が確認されました。0歳児では「おむつ」「布団・シーツ代」、3歳児では「制服制帽等」、5歳児では「行事費」「宿泊保育」等の金額が計上され、平均負担額を押し上げています。

【表2】から【表4】は、0、3、5歳における施設種別ごとの平均負担額を示したものです。この3つの表をもとに、以下、年齢別・施設種別ごとの費用負担の特徴を述べます。

【表1】各年齢ごとの平均費用負担額（カッコ内はその費目を徴収している施設数、以下同）

単位＝円

	主食費	おむつ	行事費	宿泊保育	教材費	布団シーツ	制服制帽等	通園バス代	保護者会費	その他	合計	最小値	最大値
0歳児（N＝55）	0	46,377（12）	2,433（10）	0	2,407（16）	9,273（20）	1,680（3）	36,000（2）	3,376（29）	1,566	19,380	0	109,598
1歳児（N＝55）	0	32,168（10）	2,351（14）	0	2,576（17）	9,960（18）	7,930（4）	34,000（3）	3,376（29）	1,886	16,601	0	93,378
2歳児（N＝55）	0	23,655（4）	2,966（23）	0	3,915（20）	8,063（17）	2,849（9）	34,000（3）	3,376（29）	1,960	12,937	0	58,600
3歳児（N＝44）	18,631（36）	0	4,854（29）	0	4,089（25）	7,118（18）	5,429（12）	34,000（3）	3,207（27）	2,511	31,147	0	112,099
4歳児（N＝44）	18,631（36）	0	6,133（32）	1,561（9）	3,043（24）	7,458（13）	3,389（9）	34,000（3）	3,207（27）	2,381	31,247	0	91,678
5歳児（N＝44）	18,631（36）	0	6,197（33）	5,855（32）	4,368（21）	7,590（12）	3,367（7）	34,000（3）	3,207（27）	3,040	36,166	0	143,510

【表2】 0歳児における施設種別ごとの平均費用負担額（主食費、宿泊保育はすべてゼロ）

単位＝円

	おむつ	行事費	教材費	布団クリーニング	制服制帽等	通園バス代	保護者会費	その他	合計	最小値	最大値
全体（N＝55）	46,377（12）	2,433（10）	2,407（16）	9,272（20）	1,680（3）	36,000（2）	3,375（29）	1,566（55）	19,380（55）	0	109,598
民間（N＝37）	43,836（9）	1,492（4）	2,006（12）	7,671（15）	1,680（3）	36,000（2）	3,308（24）	2,018（37）	20,831（37）	0	79,884
市営（N＝2）	0	0	0	0	0	0	1100（2）	0	1,100（2）	1,000	1,200
認こ（N＝3）	58,320（1）	1250（1）	3,812（3）	23,210（2）	0	0	5,000（1）	0	40,809（3）	6,000	109,598
小規模（N＝12）	51,840（2）	3,422（5）	3,000（1）	7,986（3）	0	0	5,650（2）	955（12）	14,210（12）	0	67,800
事業所内（N＝1）										0	0

【表３】３歳児における施設種別ごとの平均費用負担額（おむつ、宿泊保育はすべてゼロ）

単位＝円

	主食費	行事費	教材費	布団クリーニング	制服制帽等	通園バス代	保護者会費	その他	合計	最小値	最大値
全体（N＝44）	18,631 (36)	4,853 (29)	4,089 (25)	7,117 (13)	5,429 (12)	34,000 (3)	3,207 (27)	2,510 (44)	31,146 (44)	0	112,099
民間（N＝37）	17,997 (32)	4,871 (28)	3,964 (22)	7,575 (12)	5,534 (10)	36,000 (2)	3,308 (24)	2,942 (37)	32,596 (37)	500	112,099
市営（N＝2）	13200 (1)	0	0	0	0	0	1,100 (24)	0	7,700 (2)	1,200	14,200
認こ（N＝3）	27,200 (3)	4,360 (1)	5,007 (3)	1,620 (1)	4,900 (2)	30,000 (1)	5000 (1)	533 (3)	49,667 (3)	40,061	65,400

【表４】５歳児における施設種別ごとの平均費用負担額（おむつはすべてゼロ）

単位＝円

	主食費	行事費	宿泊保育	教材費	布団クリーニング	制服制帽等	通園バス代	保護者会費	その他	合計	最小値	最大値
全体（N＝44）	18,631 (36)	6,197 (33)	5,855 (32)	4,368 (21)	7,589 (12)	3,367 (7)	34,000 (3)	3,207 (27)	3,039 (44)	36,166 (44)	0	143,510
民間（N＝37）	17,997 (32)	6,446 (30)	5,867 (29)	3,912 (18)	8,132 (11)	2,754 (5)	36,000 (2)	3,308 (24)	3,193 (37)	37,369 (37)	500	143,510
市営（N＝2）	13,200 (1)	150 (1)	0	0	0	0	0	1,100 (2)	2,000 (2)	9,775 (2)	5,200	14,350
認こ（N＝3）	27,200 (3)	5,485 (2)	5,733 (3)	7,107 (3)	1,620 (1)	4,900 (2)	30,000 (1)	5000 (1)	3,866 (3)	63,037 (3)	50,580	70,861

第一に、専門業者が入っていると思われる費目、例えば、おむつ代では、０歳児では年間の平均が５万円強と高額になっています（今回の調査では、１枚当たりで徴収している保育所は１か所、残りはすべて月単位で定額の徴収が行われていました。１枚当たりで徴収している保育所は、筆者が１日５枚、20日分

を計算して計上したものです）。

第二に、認定こども園の費用負担額は、いずれの年齢でも民間保育所を上回っていることです。認定こども園においては、0歳児では「おむつ」「布団クリーニング代」が、3歳児では「主食費」「宿泊合宿」が、5歳児では「主食費」「教材費」「制服等」が、その他の施設種別と比べて高額となっています。

第三に、費用負担の差が非常に大きくなっていることです。本稿では、各保育施設の徴収額は掲載しませんが、【表2】から【表4】の合計の最小値・最大値にもあらわれています。高額な保育施設では、1年間に、行事費約9万円、宿泊保育約5万円、教材費1万円、その他約5万円などの負担が発生しています。

(2)保育園独自の〝売り〟と費用負担

費用負担から垣間見える保育の多様化は、保護者にとってはどのような保育所を選べばよいかわからないという混乱にもつながります。保育所選択に際しては、保護者が情報を集め、選択し、最終段階では行政による決定が行われます。小学校のように〝誰もが行く〟地域の保育園ではないため、何かを基準に選ばなければなりません。一方、入所選考に際しては、行政による点数化が行われており、完全に保護者が選択できるわけではありません。

そのようななかで、保育施設側は選択してもらえるように、魅力的なオプションをさまざまに用意していくことになります。今回の調査でも、アンケート項目として設定したもの以外に、下記にあるようなさまざまな費目が、各園で「その他の費目」として書かれていました。各園で観劇や絵本、雪遊びや親子製作など、多様な保育実践が展開されている様子がうかがえます。

【アンケート「その他の費目」として書かれたもの】

卒園対策費・アルバム・プール水道代・毎月購読の絵本・環境改善費・日本スポーツ振興センター掛金・学校保険・スポーツ保険料・DVD代・観劇料・Tシャツ代・園外食費・連絡ノート・メール連絡網・初年度準備品・新年度個人購入費・氏名印・個人持ち用品代・歯ブラシ・年間諸費・親子製作・雪遊び・散歩用帽子・写真代・体操服・布団消毒・乾燥代・園外費・積立預り金。

また、通常の保育とは別に専門家による有料の指導が行われている園もありました。今回の調査のなかでは、3歳児では4か所で、スイミングが3か所、体操教室が1か所、4・5歳児では6か所（同一施設で複数の専門家による指導の実施あり）で、スイミングが4か所、英語が1か所、体操が3か所で実施されていました。これらにともなう費用は、英語が年額約8万円、体操が年額約4万円など、高額になっていることが明らかになりました。また、複数の保育所で、これらの指導を受けるかどうかは保護者による選択が可能となっていました。

このように、保護者にアピールするための保育園の〝売り〟が充実すればするほど、それらは保護者にとっての経済的負担として跳ね返ってくることとなるという構図がつくられているのです。

(3) 実費徴収に係る補足給付事業

京都市では、低所得世帯（主に生活保護受給世帯）を対象に、子ども・子育て支援法に規定された補足給付事業を実施しており、1号認定者に副食材料費にかかる実費徴収額として年額54、000円、1、2、3号認定者に食材料費以外の実費徴収額として年額30、000円を上限に補助を行っています。ここでは、この金額と費用負担との関係についてみていきます。

【表5】は、費用負担の合計額から補足給付の対象外となる主食費・保護者会費を引いた額が、補足給付事業の年額30、000円を上回る園の割合を示したものです。これによると、京都市の補足給付を上回る割合が、全年齢で1割から3割程度となっています。特定の保育施設では、すべての年齢で補足給付事業の補助額を上回り、低所得世帯における負担が大きくなっていることが考えられます。また、0歳、1歳の低年齢児で割合が高くなっているのは、業者によるおむつの費用を徴収していることが理由として挙げられます。

【表5】費用負担が補足給付事業による補助額を上回る保育施設の割合

	箇所数	割合
0歳児	11	29.7%
1歳児	9	24.3%
2歳児	7	18.9%
3歳児	4	10.8%
4歳児	5	13.5%
5歳児	5	13.5%

(2) 保護者へのインタビュー調査から

「隠れ保育料」の実態を具体的に把握するため、京都市内の保育所または認定こども園に子どもを通わせている保護者を対象として、2017年の6月から9月にかけてインタビュー調査を実施しました。13名の保護者の協力を得て、12施設の状況を把握することができました。

〈調査協力者と在籍施設〉

Aさん：A施設／市営／保育所
Bさん：B施設／市営／保育所
Cさん：C施設／市営／保育所
Dさん：D施設／民間／保育所
Eさん：E施設／民間／保育所
Fさん：F施設／民間／保育所
Gさん：G施設／民間／保育所
Hさん：H施設／民間／保育所
Iさん：I施設／民間／保育所
Jさん：J施設／民間／認定こども園
Kさん：K施設／民間／認定こども園
Lさん・Mさん：L施設／民間／認定こども園

(1)施設によって異なる費用負担

「隠れ保育料」が施設によって少なからず異なることは、インタビュー調査からも確認されました。総額に差があるだけでなく、同じ費目をみても額が異なっています。主食費を例にみると、市営保育所では月1100円であるのに対して、民間のD施設では月1400円、I施設では月2600円となっています（上乗せ徴収のあるL施設では、給食のための費用は、2号認定の場合、月5000円）。

延長保育料は、1回500円という施設が多いなかで、F施設では1回300円と、同じ京都市のなかでも一様ではありません。

写真代も施設ごとの差が大きく、市営のB施設・C施設では1枚あたり30円、市営のA施設では40円、民間のE施設・F施設では50円、G施設・I施設では60円、L施設では120円、H施設では130円、D施設では150円となっています。業者が介在すると写真の単価は高くなります。

また、制服等の費用のように、すべての施設ではなく、特定の施設で生じる費用もあります。D施設では、夏服、冬服、制靴、制鞄を一式揃えると4万円以上になります。J施設では、制服が必要になる年度初めに約2万5千円の費用負担が発生します。制服については、「私服が少なくてすむので結果的には経済的」「服選びに困らない」など肯定的な意見もみられますが、その費用負担は小さくありません。Kさんは、購入しなければならない体操服について「高いと感じる」と述べています。

月刊絵本代も、特定の施設において生じる費用です。D施設・E施設・G施設・K施設では、月４００円程度の支払いが求められていますが、「子どもが楽しみにしているので悪くない」と感じる人もいれば、「同じ金額を使うのであれば自分が好きな絵本を購入したい」と考える人もいます。

保護者の費用負担に関して、そもそもの必要性や金額の妥当性について、内容ごとに検討する必要があると考えます。インタビューで「それは必要なのか?」と疑問の声が出されたのは、母の日や父の日のプレゼント費用（D施設）や、運動会やクリスマス会のおみやげ費用（I施設）など。また、Eさんがきょうだい児を通わせていた施設は、寺院が母体となっており、宗教的活動のための数珠の購入を求められていました。

(2)公的保障と私的負担の境界線

保護者負担になるものの範囲、逆に言えば施設が用意するものの範囲も、施設によって異なります。

多様な実態があるのは、昼寝用の布団の扱いです。市営保育所では、２０１６年度までは保育所が布団を用意していました。一方、民間のF施設・G施設・I施設などでは保護者が布団を持参します。E施設やH施設ではレンタル布団を利用することもできますが、Eさん・Hさんは利用していません。D施設ではレンタル布団が用いられており、保護者の費用負担は月あたり約1000円。L施設でも、保護者が納める費用のなかに布団代が含まれています。K施設やJ施設のように、布団は施設が用意し保護者にはシーツ代の負担を求めるというケースもあります。「昼寝用の布団は保護者が用意すべきもの／保護者が費用負担すべきもの」とすることの妥当性は、自明のものではありません。

同様のことが食器についても言えるでしょう。K施設では箸とスプーンを家庭から持参することになっていますが、F施設では箸のみ持参です。A施設・J施設では箸も施設が用意しています。「箸やスプーンは保護者が用意すべきもの」と決まっているわけではありません。

このように、施設が用意するものと保護者が用意するものとの境界線は、絶対的なものではありません。現状では、布団や箸・スプーンはその境界線上にあるものと言えます。

保護者の費用負担の軽減という観点に立つならば、なるべく多くのものが公的保障の範囲に収まるよう、境界線を引き動かしていくことが必要になります。しかし、京都市を例にすれば、保護者や子どもが不利になるかたちで境界線が動かされています。市営保育所においては、Aさん・Bさん・Cさんがインタビューで語っているように、従来は施設が用意していた布団について、2017年度から保護者が持参する方式が導入されました。帳面の支給も廃止され、施設外保育の交通費も公的に保障されなくなり、年1回の観劇会もなくされました。また、民間の施設においても、H施設では年1回の絵本の配布などが廃止されたと言います。L施設でも、施設が負担していた費用が保護者負担に移されるなかで、実費負担額が上がってきているという実態があります。

このように保育に必要なものが保護者負担になっていることを批判的に見直す必要があります。

(3)保護者負担に依拠する保育

施設による実費徴収だけでなく、施設への寄付にも留意が求められます。民間の施設においては、保護者会等から施設に対する寄付がなされていることが少なくありません。

E施設の保護者会では年に約10万円が遠足バス代に充てられており、遊具購入のための支出もあります。F施設では年に1回の観劇会費用を保護者会が負担しています(数年前までは施設が負担)。I施設でも防災費として年に数万円が保護者会から施設に寄付されてきました。L施設では保護者会が支出する「保育補助費」や「冷暖房補助費」がそれぞれ年に100万円を超えており、保護者会から施設に100万円以上の寄付が行われたこともありました。D施設・J施設・K施設には保護者会がありませんが、K施設には「後援会」があり、Kさんは毎月の後援会費を負担しています。後援会支出の大半は施設への寄付金であり、遊具・玩具の購入や施設・設備の改善に充てられています。

実費徴収としてであれ、保護者会等を通した支出としてであれ、保育が保護者負担に依拠する実態は克服されていくべきでしょう。もちろん、保護者の費用負担が軽減されればそれでよいというような単純な問題ではありません。I施設では施設外保育のための施設バスの費用の一部が保護者負担になっていますが(月500円)、子どもが楽しみにしている「バスの日」がなくなることをIさんは心配しています。保護者負担の軽減が保育内容の劣化に直結するならば、そうした負担軽減を無条件に歓迎することはできないでしょう。保護者の費用負担の軽減と、充実した保育内容の保障とを、同時に追求すること。「子どもの最善の利益」にかなう保育は、保護者負担に依拠することなく、公的責任のもとで確保される必要があります。

(4)「実費徴収」以外の費用をめぐる問題

「隠れ保育料」のなかで大きな割合を占めることが少なくないものとして、写真代があります。B施設では写真の販売（1枚30円）が年4回ほどあり、Bさんは1回につき1000円程度を支出しています。Fさんはきょうだい2人分の写真が年間で1万円近くになると言い、Jさんも写真代が年1万円にはなると語っています。さらに、Dさんの場合、写真代だけで年間で数万円に及ぶと言います（1枚150円）。保護者会費も、主食費等の「実費徴収」とは性格が異なるものの、保育にかかわって保護者が負担する費用です。保護者会費が月2400円と高額なL施設の例もあり、保護者会費の状況も見落としてはならないものです。

こうした写真代や保護者会費は、「実費徴収に係る補足給付事業」の対象からは外されていますが、子どもと保護者が通常の園生活を送る上で、皆無ですませることが困難な費用です。補足給付事業のあり方も問い直す必要があるでしょう。

さらに、保護者が参加する親睦会や、保護者主導で作る「おそろいTシャツ」のように、保護者の「任意」によるとされる費用にも目を向けなければならないと思います。Fさんは1枚3500円ほどの「おそろいTシャツ」を「付き合いで購入しなければならなかった」と語ります。また、Bさんの子どものクラスでは、毎年のように1枚2000円の「おそろいTシャツ」を家族で購入しています。Bさんは、年に数回行われる親睦会に家族で参加すると1回あたり約1万円の出費になると述べています。Iさんも1回あたり約5000円は必要になる親睦会が年に3回程度あると言います。保護者の親睦会の費用については制度的な対応が難しいかもしれません。しかし、経済的困難を抱える家庭の存在を考えても、そのあり方は議論されるべきでしょう。

家庭で用意して施設に持参するものについても、その費用負担について考える必要があります。布団、おむつ、主食などを家庭から持参する場合、実費徴収の額は小さくなるとしても、保護者の費用負担が少ないとはかぎりません。Tシャツ、上着、コップ、水筒、リュックなどについて、色などの条件が付けられると、既に持っていても新たに購入しなければならない場合があることが、インタビュー調査からうかがえました。

(5) 顕在化しにくい「隠れ保育料」問題

「隠れ保育料」が社会的に問題にされにくい理由はいくつかあります。

その一つに、情報が少ないということが挙げられます。きょうだい児を他施設に通わせていたEさんは、他施設と比較しながらE施設の費用負担をとらえることができました。しかし、多くの保護者は他施設における費用負担の状況はわからないと答え、そのひとりであるGさんは、振り返る機会がなければ自分自身の負担額もわからなかったと語っています。

入所を希望する施設を考えるとき、実費負担以外の事項が優先されることも、「隠れ保育料」が保護者の意識に上がりにくい要因かもしれません。インタビュー調査において「施設を選ぶ際に実費負担額を考慮した」という人はいませんし、入所前に実費負担額を把握していなかった保護者がほとんどでした。多くの人が考慮したのは保育内容（施設の雰囲気）や地理的条件で、Fさん、Jさん、Kさんは、とにかく入所できることが重要だったと述べています。

保育料が高額であることも、保護者の関心が実費負担に向きにくい理由になっていると思います。Bさん、Eさん、Iさんは、保育料の高さには言及しているものの、実費負担の大きさは強調していません。Aさんや Jさんも保育料は重いと述べる一方で、実費負担は重くないと語っています。

こうしたなかで、「隠れ保育料」について自治体による実態の把握とその公表とを求めながら、社会的な議論を広げることが求められています。

（3）増える費用負担と広がる保育格差

このように、保護者に費用負担を課すことで、多様な保育施設が地域に混在することになります。お金をかけることがそのまま良い保育につながるわけではないと思いますが、お金をかけることができないことで保育内容が制限され、ひいては保育の質が低下するということは十分に考えられることです。子ども・子育て支援新制度において、保育の質を向上させる目的での上乗せ徴収や実費徴収が位置づけられたことは、「良い保育が受けたかったらお金を払うべし」と公的に宣言されたということを意味するものでしょう。

以上、検討してきた「隠れ保育料」をめぐる問題点は、以下の四点に整理できると考えます。

第一に、施設種別ごとに、あるいは同じ施設種別（例えば民間保育所）においても費用負担の大きなバラつきがあることをふまえ、保育料と異なり、世帯所得にかかわらず、また多子世帯ほど負担が重くなるという特徴があるなかで、費用負担の差が許容され得るものなのかどうか、保育運動においても課題として検討する必要があるでしょう。

第二に、費用徴収に関して、保護者と保育施設でどのように合意形成が図られているのかを確認する必要があります。子ども・子育て支援新制度においては、上乗せ徴収については文書での同意、実費徴収について文書は不要であるが同意が必要であると定められています。そもそも保育園が徴収する費用について、保護者が意見を言える性質のものなのかという疑問もありますが、保護者がさまざまな費用負担について情報をきちんと把握し、選択し、同意するというプロセスがどのように保障されているのか、検証が必要です。また、情報保障については、各園に個別に求めるだけではなく、行政が市民全体に公開することを求める必要もあるでしょう。

第三に、費用負担について同意や選択が保障されたとしても残る問題です。例えば、専門家の指導を受けることについて、複数の施設で利用者の選択が可能となっています。しかし、同一時間帯（保育時間終了後という設定もあるかもしれないが）に、専門家の指導を受ける子どもと受けない子どもがいるということは、保育における子どもたちの集団性という点から考えると、問題はないのでしょうか。そもそも保育内容について費用負担が発生することは、子どもや保護者の希望というより家庭の経済状況によって利用の可否が左右されるという問題があります。

第四に、行政による把握や保護者の同意を必要としない保護者会費や寄付金という名目で、保育施設の人員配置や保育内容の充実を図っている保育施設があることです。これは国の定めた基準の低さへの自己防衛手段とも言えるかもしれません。「自分たちの子どもだけ」の福祉の向上をめざし、費用負担ができる人だけの支え合いによって保育問題を解決できる施設とできない施設との二極化が進行しているとも言えるでしょう。

調査を通して、子どもたちの育つ環境が親の経済力によって規定されていること、保護者が共同して子どもたちの保育環境向上のための取り組みが行えないような構造がつくられていることに危機感を抱くものです。どの地域に生まれても、どのような家庭に生まれても、子どもたちの育つ環境が平等に保障されることを親として望んでいます。

Report 1

公立保育所における保護者負担とその変化

市町村が直営する公立保育所は行政機関に位置づけられるため、非営利的であることはもちろん、児童福祉法等の理念により強く拘束される福祉施設として、「子どもの最善の利益」を保障すると同時に、さまざまな事情や困難をかかえたすべての人にとって利用可能な、ユニバーサルな保育所であることが求められます。そのため、公立保育所では実費徴収や上乗せ徴収等のいわゆる「隠れ保育料」は相対的に少なめで、必要最小限のベーシックなものにとどまることが多いようです。

２０１６年10月に実施した「隠れ保育料」をめぐるアンケート調査（第1章（1）参照）によると、京都市内の公立保育所（以下、市営保育所）の場合、３歳児以上で毎月１１００円の主食費がかかるほか、行事に関わる数百円程度の負担と保護者会費が必要とされる程度で、６年間の実費負担の総計は、調査に回答した保育所のなかで最も低額でした（ただし、後述するように、保護者会に関わる負担については市営保育所間でも差が生じています）。

一方、２００４年に公立保育所運営費が一般財源化されたことをひとつの契機として、各地で公立保育所の民営化が進められてきました。この民営化によって「必要最小限の負担で通うことができる公立保育所」が減少したことで、保護者の負担にも直接的・間接的にさまざまな変化が生じています。

これらのことをふまえて、本稿では以下、京都市内の市営保育所の民営化をめぐる状況を中心に、公立保育所における保護者負担とその変化についてみていきます。

⑴民営化をめぐる状況とその背景

京都市はもともと、1918年の米騒動後に、社会政策の一環として最初の市営託児所を開設して以来、被差別部落（同和地区）を中心に市営託児所・保育所を設置してきました。それらの多くが戦後の同和対策事業のなかで「同和保育所」に位置づけられ、歴史的な経緯のなかで生じた不十分な保育環境に対応した、丁寧でこまやかな保育を実践してきたという経緯があります。

こうした事情もあり、市営保育所はそもそも京都市内の全保育施設の1割程度を占めるに過ぎませんでした。市営保育所の数が少ないこともあってか、京都市では他都市に比べても民営化に向けた動き自体が遅れていたのです。

しかし、2012年に「市営保育所の今後のあり方に関する基本方針」を策定した京都市は、これに基づいて市内5か所の市営保育所・市営乳児保育所の民営化を進め、2014年には子ども・子育て支援新制度導入後の市営保育所の役割・機能を示すという名目の下、同「基本方針」を改定して、2019年度までに新たに市内6か所の市営保育所を民営化することを決定しました。さらに、2017年1月にはこれまでの「基本方針」にも示されていなかった市営保育所1か所を移転と同時に民営化する計画を突如発表するなど、なし崩し的な形で民営化が拡大しています。

2018年4月現在、京都市内には認可外保育施設を除いて、400か所の保育施設・事業所がありますが、このうち市営保育所はわずか17か所であり、さらに現在の計画がこのまま進行すれば、数年以内に13か所まで絞り込まれることになります。

京都市がこれらの民営化を進める上で主たる理由に挙げているのが、市営保育所の運営が「民間保育園に比べて高コストになっている」というものです。確かに、京都市が提示する公民の保育所運営費を比較した資料（2012年度決算）によると、保育所の総運営費から国・市の負担金や保育料等によって賄われる額を除いた京都市の「継足額《つぎたしがく》」は、民間保育園が入所者一人当たり15、539円であるのに対し、市営保育所では73、170円となっており、京都市にとって市営保育所の運営にかかる費用がより高額であることが分かります。京都市はこうした公民の保育所運営費の差額が、保育士・調理師等の平均勤続年数の違いに基づく「公民の平均給与格差」や「障害児の受入人数の差」、後述する「独自サービス」の有無等によって生じるとしており、「民営化で保育所の運営費を効率化できる」と説明しています。

しかしながら、京都の市営保育所は「一人ひとりを主体として受け止め、主体としての心を育てる保育」（市営保育所長会『京都市営保育所 保育のガイドライン』）を基本に、障害のある子どもや虐待を受けた子どもへの対応、年度途中入所枠の確保、地域の子育て拠点としての機能等を担っており、様々な事情をもつ子どもや保護者に丁寧に対応することで、「どんな子でも地域で一緒に保育を受ける」ことを保障してきました。言うまでもなく、これらの丁寧な保育実践は、必要な人員を配置することによって支えられるものです。そのためには、保育士の人数と経験（勤続年数の長さ）が不可欠であり、その運営が「高コスト」なものとなるのは当然でしょう。

そうであるにもかかわらず「民間保育園に比べて高コストになっている」ことを理由に民営化を進める

ことは、行政にとってより「安上がり」な保育を「適正」なものとみなすことを意味しています。これは、保育における公的責任や保育の標準的なあり方そのものの後退といえるでしょう。

(2)市営保育所の保護者負担

このような民営化の動向を直接的・間接的な背景としながら、京都市の市営保育所においてはここ数年、保護者負担と保育のあり方との関わりに変化が生じてきています。

冒頭でも述べた通り、市営保育所の実費徴収額は、京都市においても他の民間保育園に比して少なめです。しかし、このことは必ずしもただちに「少ない費用負担で、良い保育内容が保障されている」ことを意味するわけではありません。むしろ、京都市にとって市営保育所の運営が「高コスト」とされる一方で、保護者の費用負担自体は少ない状態であることの「しわ寄せ」は、少なからず保育の内容や条件に現れているように思います。

例えば、4人の子どもがおり、通算15年以上市営保育所に通ってきた保護者は、ここ数年、夏場のプール活動の回数が目に見えて少なくなっていると言います。以前は7月前半から「ほぼ毎日」実施されたプール活動が、週3回程度になり、その期間も7月後半からお盆明け頃までと、明らかに短くなっているのです。

回数の減少は、保育所運営費が抑制されるなかで、水道代や保育士の体制を維持するための経費の確保が困難になったためと推測されますが、市営保育所では保護者が水道代をはじめ「プール協力費」「プール教室代」といった実費徴収や上乗せ徴収を負担することがない分、保育の内容や条件そのものが後退しているといえるでしょう。

また、市営保育所では「保育所保育指針」や「京都市営保育所 保育の計画」に沿った標準的な保育が提供される一方、その範囲外の事柄に関しては保護者会が肩代わりせざるを得ない場合もあります。

ある市営保育所の保護者会の2017年度決算報告によると、この保護者会では保育所が主催する夏祭りへの金銭的補助のほか、保護者会主催の秋祭りや進級・修了行事の開催、文集や生活発表会のDVD製作、年長クラスの行事の補助、運動会や修了式、クリスマスの記念品の購入・贈呈、遊具や施設の補修等に費用を支出しています。しかし、これらを本来担うべきは保育所側なのか保護者側なのか、その線引きは必ずしも明確ではありません。この保護者会では、保護者会費も年額4000円と、平均的な額（第1章参照）より若干高めに設定しているのですが、これらの活動が保護者会費という、保護者にとって「断りにくい」費用で賄われているというだけでなく、活動のための時間や労力も保護者の負担となっており、保護者会の総会などで「負担が大きく、何のために子どもを預けているのか分からない」といった声が挙がることもあるそうです。

しかも、このように活発に活動している保護者会によって保育の内容や条件の一定部分が支えられてきた一方で、同じ市営保育所であっても、保護者会活動が比較的低調で、それゆえ「標準的な保育」以外の事柄を保護者が担わない（担えない）保育所との間には、保育の内容や条件の面で差が生じることになってしまいます。

(3)「独自サービス」の廃止

こうしたなか、京都市は2016年4月に「市営保育所における独自サービスの見直し」を保護者に通知しました。これは「午睡用布団や所外保育における交通費等」が「民間保育園では原則として保護者負担となっている」が、「市営保育所では公費負担」となっており、「同じ保育料をご負担いただいている中で格差が生じているという状況」にあるため、京都市が公費で負担している市営保育所の「独自サービス」を翌2017年4月より見直すというものでした。具体的には、以下の内容が挙げられました。

1 午睡用布団の提供および保育所における維持・管理の廃止
2 所外保育における観光バス利用や公共交通機関料金、保育物品としてのお帳面の公費負担の廃止
3 年長児を対象とする合同音楽鑑賞会および合同人形劇鑑賞会の廃止

確かに、実状として多くの民間保育園の保護者がこれらを実費で負担しているなか、「市営保育所では公費負担」とされてきたことについて、一般的な理解は得られにくいかもしれません。しかし、一方でここでも、これらを「保護者が負担しなければならない」とする根拠が明確に示されているわけではありません。

そもそも、これらの「独自サービス」のうち、①の午睡用布団に関してはもともと、市営保育所のなかでも貧困で低位な生活状態が集中していた「同和保育所」において実施されてきたため、市営保育所間でも扱いに差がありました。これに対し「保護者の子育て支援及び市営保育所間の格差の是正」を図るため、一連の同和対策事業終了後の2002年度より、国の臨時的交付金を活用して全市営保育所でこれが実施されるようになったもので、公費負担の拡大によって「格差の是正」が図られたという経緯がありま

す。

京都市は今回、「公民格差の解消」や「公費負担の公平性の確保」という観点から「独自サービス」の廃止を正当化していますが、「格差の解消」や「公平性の確保」を、公費負担の範囲拡大ではなく、保護者負担の拡大によって図ることは、行政が保護者にとってより負担の大きい（したがって行政にとってより「安上がり」な）保育のあり方を、より「適正」なものとみなすことを意味しており、ここに、市営保育所の民営化と同じ構図を見出すことができると思います。また、民営化の対象となっている市営保育所の保護者にとっては、この「独自サービス」の廃止によって、民営化に際して引き継がれるべき保育の内容や条件があらかじめ切り下げられてしまうことにもなります。

その後、この「独自サービス」の廃止に対し一部の保護者によって行政不服審査が請求されたこともあって、その内容に修正を迫られた京都市は、２０１７年４月入所希望者の申込受付開始日（２０１６年11月１日）の前日にあたる10月末日までに保育所に在所している子どもについては、卒所まで午睡用布団の提供および保育所における維持・管理を保障するという「経過措置」の実施を改めて通知しました。この「経過措置」自体は保護者の粘り強い要求によって引き出したものと言えますが、一方で、この「経過措置」によって２０１７年４月以降は、同じ保育所において、同じ基準で保育料を支払っているにもかかわらず、布団が提供される保護者と、布団を購入・持参・管理しなくてはならない保護者という、二つの状態が併存することになりました。京都市は、「公民格差の解消」や「公費負担の公平性の確保」を掲げながら、保育所内に新たな格差や不公平を生み出しているのです。

このような保育所内で負担に差が生じる事態に対し、いくつかの保護者会では、業者より一括して布団をリースして希望者に貸し出したり、備蓄金を切り崩して布団を購入したりする形で格差の解消に努めています。しかし、保護者会が「全体の利益」ではなく「一部の保護者」のために費用や労力を割くことに対して保護者内から批判の声が挙がることもあるなど、保護者負担の差異が保護者間の分断を生み出していることもうかがえます。

⑷民営化による変化

このように、市営保育所の運営が「高コスト」であることを理由に公費負担の削減や保護者負担の拡大が進み、さらに保育の内容・条件の変質や、保護者間の分断といった事態も生じるなか、特に民営化の対象となっている市営保育所の保護者の間には、民営化に対する不安の声が根強くあります。保護者の不安の最たるものは、民営化によってそれまでの「保育の質」が変質・低下することですが、これとかかわって、いわゆる「隠れ保育料」の負担が増加する可能性も懸念材料となっています。

これに対し京都市は、民営化にあたって、少なくとも民営化の前日に在所している児童が卒所するまでの期間は保育の内容や条件を維持し、「保育の質」を低下させないことを繰り返し保護者に約束してきました。したがって、この期間中は保護者負担についても新たな費用負担を求めないとしており、運営を移管する民間の法人等を募集する際の「募集要項」に掲載される「移管後の運営に係る基本事項」にも、「移管の前日に在所している児童については、市営保育所で徴収する費用以外の費用負担を保護者に求めない」ことが明示されています。

京都市は民営化後に運営を移管した法人等との間で、この「移管後の運営に係る基本事項」を内容とした協定を締結し、これを遵守するよう求めています。この協定は、民営化後に重大な違反が認められた場合に損害賠償請求や他の法人等への再移管を行う可能性があるとするなど、一定の拘束性を有しており、このため、民営化による「保育の質」の変質・低下を不安視する保護者にとっても、市営保育所の「保育の質」を維持する上での生命線となってきました。しかし、「移管後の運営に係る基本事項」には、先の項目に続けて「やむを得ず保護者に市営保育所で徴収する費用以外の負担を求める場合は、三者協議会において協議したうえで実施すること」とも記載されており、保護者と移管先法人および京都市の三者による協議によって、「やむを得ず」負担額が変更されてしまう余地も残されています（なお仔細に検討すれば、この規定では負担の変更を三者協議会において承認・決定するのではなく「協議したうえで」実施するとしていることから、形式的な協議を経て移管先法人や京都市によって一方的に負担の変更が決定される可能性も指摘できます）。

また、「市営保育所で徴収する費用以外の費用負担」を求められないのはあくまでも「移管の前日に在所している児童」が卒所するまでの期間であり、それ以降、つまり民営化が完了した後の費用負担は保障の限りではありません。さらに、当該期間中であっても、「移管の前日」以降に新たに入所した子どもについてはその対象となりません。そのため、民営化後に同じ保育所内において、保護者の負担額や、保育の内容や条件に差異が生じる可能性もあります。そのような状態で、三者協議会において費用負担の変更が提起された場合、「移管の前日に在所している児童」の保護者がこれを拒否するのは容易なことではないでしょう。

以上にみたように、京都市では市営保育所の民営化と、それに関連する保護者負担の変容をめぐる動向のなかで、市営保育所の保護者の負担が増加する一方、保育の内容や条件、さらには保護者と保育所、あるいは保護者同士の関係にも変化が生じつつあることがわかります。

特に、「独自サービス」の廃止とそれにともなう「経過措置」の導入による、同じ保育所内での保育条件の格差の発生や、民営化対象保育所における「移管の前日に在所している児童」と「移管の前日」以降に新たに入所した子どもとの間に生じ得る、保護者負担や保育の内容・条件での差異は気がかりです。保育や保育所が保護者の負担に依拠する形で成り立っているなか、その負担のあり方によって、時に保護者の対立や分断をも招きかねない「世知辛い」情況が作り出されていると言えるでしょう。

市営保育所の民営化や「独自サービス」の廃止によって、地域から「必要最小限の負担で通うことができる公立保育所」が削減されることで、保育を必要とする保護者全体の負担が増加しようとしています。こうした情況をふまえたとき、いま改めて、誰が、どのように「子どもの最善の利益」を保障するのかという観点から、保育における公的責任や、標準的な保育のあり方が議論されなければならないと考えます。

〈コラム①〉園長を悩ませる保育諸費

さつき保育園がある原谷地域は、戦後、満州からの引揚者が開拓した土地です。かつては、京都市内にもかかわらず、水道も電気も通っていませんでした。そこに住民運動が起こり、生涯安心して生活をおくることのできる地域づくりがすすむなかで、親の就労のために保育園は切実に必要なものでした。そこで、地域住民の要求が運動を大きく拡げ、努力と苦労のもと、1968（昭和43）年、京都市に認可された保育園ができました。

地域の要求でできた保育園であるからこそ、子どもの発達保障、働く者の就労保障、誰でも差別なく保育が受けられるということを、今日も大切にしています。だからこそ、保護者の金銭的負担は極力少なくしたいと思っています。ですから、「保育諸費」についても、そんなには徴収していないと思っていました。しかし、近年の保護者からの支払い状況などを見ていると、なかなかきびしい家庭が増えてきていることに目が向きました。

(1) 保育実践と保育諸費

保育園の諸費は、毎月、給食代2500円（3歳児以上）・保護者会費1世帯300円。また、年度初めに、年間行事費2000円（個人持ち備品等に利用。残った額は返金）・保険健康センター315円。7、8月のみプール水代として合計1000円。利用される方のみ、駐車場利用月700円・布団リース月1400円、延長保育料、写真代、レンタルおむつ代という項目を徴収しています。

〈食のコストはカットしない〉

給食は安価な輸入物ではなく、国産の旬のもの、添加物のない安心できる食材を提供し、給食はもちろん、おやつや18時以降の延長のおやつも手づくりです。アレルギー食の提供も行っており、代替の調味料や食材も少なからず発生します。安価な食材は入れていないので、コストも上がります。そのなかで栄養士たちは、極力残食が少なくなるようにしながら、園児たちのおかわりという声に満足できるだけの量を用意したいと現場で葛藤しています。少々コストが上がっても、口に入り、身体のもとになる食事はこだわりたいもののひとつです。

〈水道代は気になるけれど〉

自然に恵まれた環境のなかで、近くの山への散歩は日課となっています。陽ざしがきつくなる季節には、園児たちが真っ赤な顔で汗をかきながら、満足気に散歩から帰ってきます。また、水が恋しくなる季節になると、園庭では存分に水を使い、どろどろになった土の感触を楽しんでいます。

園の設立以来、「水と土と太陽を」を大切に、保育を語ってきました。自然の恵みを大いに受け、たくさんの経験をし、そこから考えるちからや豊かな感情を育み、感動できる子どもに育ってほしいと願っています。

夏のプールは毎日、乳児用プールと大きな幼児用プールに分けて水を張ります。7、8月のみ水代をいただいていますが、近年の厳しい暑さのなかでは、7、8月だけでなく、シャワーをし、たくさんの水を使って遊んでいます。遊んで汗ばむ季節になると、毎日シャワーで汗を流して、気持ちよく給食に向かいます。

毎日流していく大量のプールの水を〈もったいない……〉と天秤にかけそうになりますが、たっぷりの水で遊び、水が苦手だった子どもたちもできることがどんどん増えています。それが達成感につながり、自信に満ちていく姿や大きく成長していく姿として見られるのだと思います。

〈布おむつを使うこと〉

園では布おむつを使うのが基本です。赤ちゃんが不快を感じ、泣いて訴えることで、やさしく声をかけながらきれいなおむつに代えてあげます。赤ちゃんが快・不快を感じることと、身体も心も気持ちよくなることを願って取り組んでいますが、仕事の後にたくさんのおむつを洗濯するのは大変です。

園としてのこだわりをもちながら、下痢をしていたり、家庭にやむを得ない事情がある場合は、相談に乗りながら紙おむつを使うことがあります。しかし、紙おむつを使用する場合でも、おしっこのタイミングを図っておむつを替えていますので、使用枚数は布おむつとあまり変わりません（紙おむつのコストはかかります）。

レンタルおむつも選択できますが、おむつ1枚30円、おむつカバー1枚45円と割高で、園の利用者は年間1人いるかいないかです。毎年、卒園と同時に布おむつや布団がいらなくなった方が寄付をして下さっています。入園前に、新たに購入してもらう負担を極力少なくするために、入園説明会で「利用されたおむつや布団でよかったら園にありますよ」と話します。利用したいという方も少なからずおられます。

（2）滞納の背景にある保護者のくらし

私が園長になって、諸費納入の滞納で悩んだ時期がありました。

未収のままの状態が何か月も続くと、布団やおむつのレンタル代を業者に支払うことができず、催促の電話が度々かかってくることがありました。そのため、諸費納入をお願いするのですが「今は払えません」と返ってくることが多く、滞納額は溜まっていくばかりでした。

「車で送迎ができ、流行りの衣服を着せられるのに……」「お母さんはフルで働いているわけでもなく、生活に切羽詰まった様子でもないのになあ」など、表面だけをみて決めつけて考えてしまうこともありました。どうすれば少しでも払ってもらえるのだろうかと思いながら話しかけると、お母さんもまた諸費の催促をされると思うのか、だんだんと避けられるような感じがしました。

そこで、諸費のことだけでなく、子どもを真ん中においた話を、お母さんの気持ちに寄り添いながら話すように心がけました。ようやく溜まっているうちの1か月分を持ってこられたとき、袋にはいかにもかき集めてきたという感じの1円玉が、たくさん入っていました。そのずっしりとした重さを忘れることはできません。

また、お父さんが病気で、お母さん一人の働きで生計を立て、3人の子どもを育てている家庭も、なかなか諸費が入りませんでした。いつも明るく振舞うお母さんの背景には、お父さんのこと、子育てのこと、仕事のことで、並々ならない苦労があることが想像できました。「お母さん、ごめんね。また諸費が溜まってくるんやけど……」と声をかけると、「ごめんねって、先生が悪いわけじゃないんやで。ほんまにごめんね」と返されました。私は、次の言葉が出なくなり、「仕事が遅くなったときは、車でお迎えにきたらいいよ。そんなときは、駐車料金など気にしないで停めたらいいからね」と激励することしかできませんでした。

(3) 土台には福祉としての保育園がある

相手の生活の中まで見えないところで、保育諸費の支払いが滞っている家庭への催促は、とても難しい問題です。諸費は収入に応じて決まる金額ではありませんので、経済的に苦しい家庭は、わずかなお金でも支払いをすることが困難なのだと思います。

保育園は、子どもの数で決まる委託費のなかで、先を見通しながら運営をしていかなければなりません。保育の質を守りながら、最低限の諸費はいただきながらも、土台には福祉としての保育園があるということを忘れてはなりません。

どの子も平等な保育を受ける権利があります。保育園は就労が必要な家庭の子どもだけを預かっているのではありません。さまざまな理由で、保育が必要な子どもたちを預かる福祉施設です。保護者の気持ちに寄り添いながら、保育園が安心できる居場所となり、ともに子どもの成長を喜びあえるところだと思っています。

だからこそ、保育に係る費用すべてにおいて、公的な機関が責任をもって支えていくべきだと考えます。

〈コラム②〉認可外保育所で経験した「隠れ保育料」

自分たちとは無縁だと思っていた認可外保育所（A園）へ、息子が通うようになったのは、私の復職が翌月に迫った2015年9月のことでした。4月から市に途中入所の申し込みをしていましたが「受け入れ不可」のまま数か月が過ぎ、勤務先から除籍勧告の通知も届いたため、自宅から通える範囲の認可外保育所に事情を話し、やっと1か所「4月まで」の期間限定で預かってくれるA園が見つかり、あわただしく入園準備を始めることになりました。

入園にあたって必要な料金は以下の通りでした。

◎入園時のみの費用
・入園料2万円
・制服代（外遊び・登園用スモック、帽子、通園用リュックサック）7千円

◎保育関連費
・保育料　0歳：5万8千円、1～3歳：4万5千円、4～6歳：4万円
・冷暖房費（7～9月、11～3月）2千円

・教材費　1〜3歳：1千円、4〜6歳：2千円
・延長保育料（8時まで・20時以降、30分ごとに）750円×利用時間
・休日保育料（土・日・祝日）5千円×利用日数

◎その他
・給食費：1食540円×利用日数（乳児はミルク100円×飲んだ回数）
・紙おむつ：1枚100円×足りなかった枚数
・イベント代：クリスマス会や遠足など、1回千円〜2千円

認可外保育園では給食室の設置が義務でないため、A園に給食はありません。弁当持参が原則ですが、配食センターのお弁当を1食540円で注文することも可能でした。しかし、離乳食は設定がないため、幼児食が食べられない乳児はお弁当かレトルトのベビーフードを持参することになります。おやつも同様で、15時と18時の2回分を持参する必要がありました。食事に使う食器類（コップ・フォーク・スプーン・皿・箸）も個人持参でした。

まだロンパースを着ている月齢だったため、制服は免除してもらいました。初月は入園料2万円、固定費（保育料・暖房費・教材費）4万9千円、延長保育料30分×4日で3千円、休日保育料4回分2万円で、計9万2千円。翌月からは7万〜7万5千円と、離乳食のお弁当とおやつを持参、という負担でした。

ホームページに記載されていた料金は、保育料、暖房費、教材費くらいだったため、保育所ってこんなにお金と手間がかかるものかと思いました。それでも、比較する対象もなかったため、復職するための必要経費だと自分を納得させました。

翌年4月から、市営保育所に通えることになりました。自宅からの距離が近くなることはうれしいこ

とでしたが、再び入園料を払い、制服や給食費の負担が増えるかと思うと憂鬱でもありました。しかし、入所前の重要事項説明会で「入園料・制服は必要ない」「土曜日も追加料金なしで平日と同条件で保育をしてもらえる」「給食も幼児の主食代以外は保育料に含まれている」ことを知りました。保育料以外の負担（いわゆる「隠れ保育料」）がいかに大きかったかを感じた瞬間でもありました。

認可外保育所は保育士の配置基準も規定が緩いため、A園は半数近くがアルバイトや無資格職員でした。毎日違う職員が対応するため、お互いになかなか顔を覚えられず、保育中の様子を聞いたり相談したりすることはできませんでした。連絡帳で質問をしても、あまり明確な答えが返ってこないことも多かったです。しかし、日曜・深夜も保育してもらえるため、それを魅力に感じていた利用者が多かったのは事実です。私自身、休日・時間外の保育は非常に助かりましたし、保育人数の無理を聞いてもらえたことで復職ができたので、その点は今でも感謝しています。

認可外保育施設のなかには、保育時間の柔軟性や、独自の保育・教育方針で個性を強調している施設も多く、認可保育所と金銭面だけでの単純比較はできません。しかし〝多様性〟の名のもとに保育の質〈食事・保育環境・遊びの種類（外遊びやプールなど）〉をお金で買わなければならないとしたら、親の所得が子どもの保育環境を決めることになりかねません。そうなると、本来なら手を取り合うはずの同じ年頃の子どもをもつ保護者どうしが、収入の差で対立したり分断されかねないと感じます。

私が復職した2015年は、「一億総活躍社会」というフレーズが内閣から出された年です。しかし、復職したくても入れる認可園がない、認可外保育施設は保育料が高い、収入は労働時間と必ずしも比例しない……と、政府の掲げる理想と現実との矛盾に疑問を感じ続けた1年でした。

第2章　主食費にみる保育内容の貧困

（1）「主食費」について考えたことがありますか？

保育所等の利用者負担とされている「主食費」について聞いたことがあるでしょうか。「保育料」がお住まいの市区町村で額が違うように、給食費の扱いについても自治体によって違うので実感のわかない人もいるかもしれません。でも、国の制度として設定されている「公定価格」（保育等に通常要する費用の額を勘案して内閣総理大臣が定める基準により算定した費用の額）においては、保育所と認定こども園を利用する子どもの給食材料費について、「3歳未満児」は主食費と副食費を含むことになっていますが、「3歳以上児」は副食費のみが含まれています。国の制度としては、保育所と認定こども園を利用する3歳以上の子どもについては「主食費」は対象外になっていて、一部の自治体では補助金を出しているようですが、多くの地域では保護者負担になっています。

ここまでの話だと、「主食費」の問題は、利用者負担の「額」の高低、あるいは有無だけの問題のように思われるかもしれません（低くても負担になっているのは事実ですが）。しかし、「主食費」は、「金額」だけではなく、「保育内容」についての問題でもあるのです。

厚生労働省が示す『保育所保育指針』や『保育所保育指針解説』では、保育の養護・教育の両側面において食事・給食は保育内容の重要な一部になっています。例えば『解説』には次のような一節があります。「保育所における一日の生活の流れにおいて、充実した遊びの時間を過ごし、規則正しいリズムで生活することにより、自然に子ども自身の食習慣が形成されていく。例えば、遊んでいる時に、園庭までおいしそうな給食のにおいが漂ってくる。夢中で遊んでいた子どもが、においにつられて保育室に入ろうとする。保育士等は、状況に応じて『お腹が空いたね。お昼にしよう。』などと言って子どもを食事に誘ったりする。」

給食の外部搬入を解禁し、近隣の公園を代替地とすれば園庭（屋外遊技場）がなくても良いとする厚生労働省の規制緩和の方針は嘆かわしいかぎりですが……。少なくとも給食は保育内容の重要な一部です。しかし、公定価格から3歳以上児の「主食費」が除外されているということ、つまり保育等に通常要する費用ではないとしていることは、保育内容の一部を欠落させているといえます。それにもかかわらず、研究者を含め保育関係者が「主食費」を問題として提起してきませんでした。

（2）国は保障しない「主食費」

ここで「主食費」問題が問題であることをクリアにするために、「子どもの貧困」や給食費滞納で改めてその役割が見直されている小・中学校の給食と比べてみましょう。学校給食法は、半世紀以上も前の1

954年に制定されていて、現在は子どもたちの心身の発達、社会性の発達、栄養の理解や食習慣を養うこと等を目的として給食を実施することとされています。残念ながら、日本の義務教育無償化は授業料のみと理解されているため、給食費については保護者負担とされています（教科書については、「義務教育諸学校の教科用図書の無償措置に関する法律」によって無償になっています）。

これでは、3歳未満児の主食費・副食費、3歳以上児の副食費を公定価格に含んでいる新制度の方がまだマシだと思われるかもしれませんが、そんなに単純な話ではありません。健康で文化的な生活水準を保障するための生活保護法では、保護の種類の一つとして教育扶助を設けて、義務教育に伴って必要な教科書その他の学用品、通学用品とともに「学校給食」その他義務教育にともなって必要なものを保障しています。それだけではなく、就学援助制度によって、生活保護を受給はしていないけれども同程度の生活水準にある場合、あるいはそれに準じる程度に困窮している場合も学校給食費を補助対象としています（学校給食法第12条第2項）。

それに対して、新制度の3歳以上児の主食費は、生活保護法の対象からも、教育扶助や就学援助制度と同様の対象・目的をもつ「実費徴収に係る補足給付事業」の対象からも除外されています。つまり給食費（主食費）は、小・中学校では義務教育にとって欠かせない構成要素として保障の対象とされていますが、子ども・子育て支援新制度では、「全ての子どもが健やかに成長するように支援するものであって、良質かつ適切なもの」（子ども・子育て支援法第2条）である「保育」に不可欠のものではなく、日常生活の延長に位置づくものとされています。

（3）保育の発展からとりのこされた給食

では、なぜ3歳以上児の副食費、3歳未満児の主食費・副食費が「公定価格」の対象に含まれ、3歳以上児の主食費が対象外になったのでしょうか。ここから先は、昔話になりますので、少しガマンしてお付き合いください。ただし、先に結論を示しておきます。保育所の制度基盤である児童福祉法が制定された当初は国として保育所で給食を提供することを想定していませんでした。しかし、戦後の占領期の荒廃・混乱した状況の中で海外からの支援物資をもとに保育所給食が始まり、独立回復後に予算確保が困難な中で、なんとか給食を継続することになりました。ただし、幼稚園との関係、あるいは保育料問題などのために保育所制度そのものの存立があやしくなってきた。これらの課題をクリアして保育所を存続させるために制度の枠を明確に定めて厳正に運営するようになります。このときに、給食費の扱いが装いを新たにして登場し、今日まで続くことになります。

それでは、もう少し詳しく昔話をしてみたいと思います。

さて、保育所が制度として基盤を得たのは戦後の児童福祉法によってでした。第二次世界大戦前は社会事業法（今日の社会福祉法の祖父母にあたる法律）、戦後から児童福祉法成立までは（旧）生活保護法によって「託児所」あるいは「託児事業」として位置づけられていて、「保護」を基盤とするものでした。それが、児童福祉法の成立によって、消極的に保護するだけではなく、子どもたちを育成していく福祉へと積極的側面を持つようになります。しかし、長らく「保護」を中心として考えてきたものが、法の制定によって急に「福祉」や健全育成へと転換できたわけではありませんでした。

法の条文上は積極的側面が出てきますが、それを運用する人たちの思考はまだまだ「託児所」的発想から転換されておらず、そのことが児童福祉施設最低基準の設定にも見て取れます。法は成立・施行されたけれども、施設をどのような基準で運営するかはまだ定まっていませんでした。政府がまとめた最低基準の初期の案では保育所に調理室を設けるという規定はなく、中央児童福祉委員会で検討されて、ようやく2歳未満の乳幼児を保育する場合には「当然食事を準備する必要がある」から「保健衛生の見地から簡単な調理室を設ける必要がある」として、年齢限定で規定が盛り込まれます。その後、GHQの担当者からの提案等をふまえて基準案が検討される過程で、2歳以上の幼児を保育する場合も調理室を設けることとされます。

このような過程を経て、ようやく最低基準の施行当初から保育所に調理室が位置づけられました。しかし、調理室があることと給食が提供されることはイコールの関係ではありませんでした。最低基準に基づいて施設を運営するために政府が運営費を設定して公費を支出することになるのですが、政府の説明では、保育所の賄費は「該当するものがないことは、申すまでもないことであります」としていました。つまり、保育所には簡易な調理室をつくるけれど、そこで仮に給食が作られて提供されたとしても、それは公費負担の対象ではないことは当然であるとしていました。

しかし、事態は急変します。保育所の給食費を除外する最低基準の公費負担が定められたのが1948年12月29日ですが、それから半年もたたない1949年5月11日に「保育施設給食の実施について」とする通知が示されます。その背景にあったのが、ユニセフ等の海外からの物資の援助と占領軍の治安維持対策です。終戦前から食糧事情は困窮していたのですが、戦後はますます困窮し、餓死者が続出するような

表　昭和25年３月の保育施設給食用基準額表（１人１日）

	品名	数量（グラム）	熱量（カロリー）	蛋白質（グラム）	金額（銭）	備考
幼児	脱脂粉乳	25	90	8.6	39	
	味噌	10	15.8	1.2	30.4	
	醤油	5	20	0.25	11.8	
	砂糖	2	7.8	-	11.5	
	油	1.5	13.5	-	18.5	
	野菜	29	19.5	0.6	42.9	
	魚	30	37.2	5.5	1円69.2	
	燃料	100人につき1.5束			59.2	1束39円50銭
		102.5				端数整理3円80銭
	計		175.8	16.45	3円82.5	
乳児	牛乳	180	100	5.6	10	端数整理24円30銭
	調整粉乳	30	135	5.6	14.31	
	計	210	235	11.2	14.31	

資料：「保育施設給食実施に伴う経費の改定について」（1950年3月16日児発第94号）

状況で、これを放置すると暴動につながりかねない。そこでＧＨＱは、その問題に対処するために、子どもに食料を提供することで、その親を含めて効果が波及することを見越して、学校及び保育所を含めた児童福祉施設に食品を特別配給することにしました。しかし、保育所にミルク（脱脂粉乳）を配給するために、日本側から副食を出すことが条件とされます。この条件を日本政府がクリアすることによって、保育所での給食が制度として開始されます。

表は、政府が定めた初期の保育所給食の基準です。確かに「主食」は算定されていません。これは、当時の食糧事情からして「主食」＝米を確保することは不可能であったこと、日本政府の財政事情等にも起因するものと思われます。

しかも、当時の政府は、「給食に要する経費は、原則として託児から実費を徴収するものとする」とした上で、「成るべく保護者の負担の軽減に努め、負担過重のために給食の発展を阻害することのないよう」注意しています。本来であれば実費徴収であるが、負担軽減をする方針が示されています。

その後、日本は独立を回復して占領時のような救済措置を受けられなくなり、給食の実施は予算の都合で不安定化するのですが、学校関係者をはじめ給食の存続のための運動等によって、学校とともに保育所においても存続することになります。

ところが、１９５０年代を通して、保育所は幼稚園との関係整理、徴収金の問題で政府内部から不適切であると指摘され、制度の基盤がにわかに不安定化しはじめます。それに対処するために厚生省は、保育所入所の基準等を整備して厳正な運営に努めます。その一環として、保育所の徴収金基準額表と保育単価制を相次いで導入します。この保育単価制を導入する時に、これまで「乳児」「幼児」の区別だったものを「３歳未満」は主食費を含むもの、「３歳以上」は副食給食とするとして、年齢区分および給食費の呼び方を現行のものにしました。保育単価をできるだけ簡略化する方針のもと、その他の年齢区分線にそろえる形で変更し、その時に乳児保育を強化することと合わせて3歳未満には主食費を含む給食費として保育単価が組まれたものと思われます。

昔話はこれでおしまいです。保育単価における給食費の問題は、一方で給食を含めて保育内容を充実させてきた実践および運動があり、もう一方で保育の拡大を防ぎ保育の予算を抑制し保護者の自己負担を強化しようとする流れがあり、その中で生み出された問題です。それは決して自明のものではなく、「主食費」問題を軽視することは保育内容の貧困化を容認することにもつながると思います。

〈コラム③〉白鳩保育園の「米持参」のとりくみ

白鳩保育園（岡山市）は、1968年に開園した認可保育所です。3歳以上児の主食は開園当初から家から米を持ってきてもらい、それを給食室で炊いて提供する「完全給食」を実施しており、現在もそれを踏襲しています。

そのようになった経緯は、園の保育に対する考え方からくるもので、①保育園は子どもの育ちを最優先にして一人ひとり大切にされるべき、②体力づくりと体験経験を重視することを基本にした保育をすめるとし、体力づくりにとって基礎となるのが食であり、それを重視することが出発となっています。

園の給食は、離乳食から幼児食まで安心安全で、子どもがしっかり食べられるように美味しくなければならない、食は文化であり、子どもたちに提供される給食は従来から日本で食べられてきた食材をできるだけ多く使い、肉より魚を多く、野菜をいっぱい食べられる、手間はかかっても天然出汁で薄味、そして「暖かいものは温かく、冷たい物は冷たく」提供されるべきとの方針に基づいています。

3歳以上児の主食費が保育委託料に含まれていないからといって、家で炊いた御飯を持ってきた場合、冬は冷たく硬くなってしまい、夏は炊きたてでなかったら臭いが出てしまいかねない不安があり、保管が難しいことが懸念されました。また、完全給食を実施している園がしているように費用を算定して現金で徴収することも考えたようですが、保護者負担の軽減と「保育の視点」を加味することを考慮して「米持参」を選択したようです。

子どもたちは毎週月曜日に、一週間分のお米（350～400グラム）を米袋に入れて持ってきます。園では「これが一週間に食べるお米よ」と言いながら、計量のためのカップを作って、「子どもと一緒に計ってね」と伝えてきました。職員としては、毎週の計量と記録、点検、給食室への運搬など手間はかかるのですが、子どもたちが自分の食べるお米を持参することで、食べる意欲が増し、毎週「計る行為」を通して量の概念をもつことができるようになると考えました。

それでも、炊飯や食器の配膳・洗浄など主食提供の経費全体を全部賄うことができませんから、保護者会（父母の会）に相談して、「園も努力するから、父母も支援してください」として、園に対する寄付（概ね一人月額で1000円程度。これには当時半年間月額190円しかなかった冷暖房費の補填などを含んでいました）をお願いしてきました。

米の質の不均等などが心配されましたが、自分の子どもたちが食べる物なので、一定の配慮が働いて、これまで問題が起こったことは基本的になかったようです。でも、歴代受け継がれている話では、毎週持ってくることが滞ってしまい、卒園する3月に30キロ（半俵）袋を持ってきて「ゴメン」と言った人がいたとか、自分も食べているのでと、古米で「穀蔵虫」がわいていたものがあったという話もありましたが……。

子ども・子育て支援新制度移行に際して、保護者から集金するものについてはすべて重要事項説明書に記載しなければならないことから、あらためて3歳以上児の主食費問題についても整理しました。その際、費用負担への移行を含めて考えました。安心安全に徹底してこだわる「給食」として、別途徴収の可能性と3歳以上児の主食費を徴収する場合の額の目安を市に問い合わせました。「安心安全こだわり給食」のための別途費用の徴収は、どれだけこだわって経費がかかったとしても、「認可保育所である以上はだめ」とのことでした。主食費だけの徴収額については「概ね米代程度」との回答がありました。炊飯や食器の配膳・洗浄など主食提供のためにかかる経費についての見解は、「給食提供の全体経費の中で行われるべきもの」という回答でした。岡山市の担当者の言い分を良しとすると、徴収できる金額は月額1000円程度となります。

園では、現在も米を持参していただく方式を継続しています。3歳以上児の主食費の別途徴収はしていません。白鳩保育園の給食は、地産地消のもとでの減農薬野菜を基本とし、国産食材にこだわった給食提供をしており、充実した丁寧な離乳食に取り組んでいます。また食物アレルギー対策も除去食対応だけでなく代替食を作って提供しています。代替食も見た目を同じにするように努めています。そうすると、常勤正職3名の給食調理体制が必要となり、事業費の食材費に加え、給食調理の人件費が増大しています。

国は、給食に対して事業費のなかで算定された費用負担額を明示し、人件費についても算定した額をあきらかにすべきです。岡山市は、完全給食にした場合の炊飯や食器の洗浄などの経費は全体の中でやれるとか、さまざま要求した場合には「運営費で算定されている」といつも言いますが、その算定額はいつも示されません。アレルギー対応では「栄養士加算はそのためのもの」といってごまかしたりもしています。

行政は、すべての保育施設で完全給食が実施可能なように、3歳以上児の主食費を含む費用負担をすべきです。

第3章　なぜ、いま「保育の無償化」なのか

(1)「保育の無償化」政策の急浮上

保育料の軽減策は、低所得世帯や多子世帯・ひとり親世帯を対象に、ここ数年にわたって展開されてきましたが、２０１７年10月の衆議院選挙における自由民主党の選挙公約において、全面的な無償化として大きく取り上げられました。同公約では、消費税率を現行の８％から10％へ引き上げるといった政策も提案されており、消費税率引き上げを了解してもらう戦略として「保育の無償化」が登場した面がありま す。

衆議院選挙で勝利をおさめた自由民主党は、引き続き政権を担当することになりますが、「保育の無償化」政策は、２０１７年12月８日に閣議決定された『新しい経済政策パッケージについて』で具体的な内容が示され、確認されました。そこでは、少子化対策としての重要性から保育料の無償化が必要であること、幼児教育が将来の子どもの成長にとって不可欠であり幼児教育を拡大すべきであること、などが述べ

られています。無償化政策の具体的な中身については、「3歳から5歳までの全ての子供たちの幼稚園、保育所、認定こども園の費用を無償化する」「0歳～2歳児についても、当面、住民税非課税世帯を対象として無償化を進める」としています。また、待機児童対策が不備なもとで認可保育所に入所できず、やむを得ず認可外保育施設に入所している子どもたちが存在していますが、この認可外保育施設の保育も無償化にしないと不公平であるといった声が出てきました。一理ある疑問の声であり、この点に関しては「専門家の声も反映する検討の場を設け」て対処するとしました。実施時期は「消費税率引き上げの時期との関係で増収額に合わせて、2019年4月から一部をスタートさせ、2020年4月から全面的に実施する」としました。

その後、「保育の無償化」の議論は、2018年6月15日、政府の『経済財政運営と改革の基本方針2018』（骨太の方針）として閣議決定されました。国の指導監査基準（注1）を満たす認可外保育施設も補助の対象とし、0～2歳児は42、000円、3～5歳児は37、000円を補助月額の上限としました。無償化等の実施時期は、消費税率が引き上げられる時期にあわせ、2019年10月から全面的に実施することになりました。

消費税率引き上げの根拠のひとつに「保育の無償化」が位置づけられた感があり、それ自体については了解しがたい側面がありますが（その理由は後述）、それにもまして、保育料を無償化して幼児教育を拡充しようとすることの政策的意図は他にもあるのではないかと懸念しています。

（注1）保育者は、3分の1以上は保育士か看護師でなければならない等が決められている。ただ、基準を満たさない認可外保育施設の利用者が除外されるため5年の猶予期間を設けることになった。

(2) 国のねらいはどこにあるのか

保育、正確には幼児教育の無償化政策の国の意図は、教育への国家統制・国家介入が懸念されるものです。先に、幼児教育の無償化は『新しい経済政策パッケージについて』のなかで提起されていると述べましたが、その「第2章　人づくり革命」の第1番目の項目に位置づけられています。「一億総活躍社会をつくっていく上での本丸」である人づくり革命として、幼児教育の無償化が展開されているのです。「人づくり革命」といえば、2018年度より幼稚園教育要領及び保育所保育指針が改定され実施されることになりましたが、その内容につながるものと考えられます。改定された指針等では「幼児期の終わりまでに育って欲しい姿」として、道徳性・規範意識の芽生えをはじめ10項目が提示されています。保育者は、子どもたち一人ひとりについて、その姿に到達しているか否かを評価し、不十分であれば改善することが求められます。さらに別項では「国旗・国歌に親しむ」といった内容も登場しています。これらは子どもの主体性、ひいては個人の尊厳の否定になりかねないもので、政府がすすめる戦争政策をはじめとした国策に追随する子どもをつくろうとしている背景があるといえるでしょう。このような保育・幼児教育が、保育料の無償化とセットで推し進められようとしていることを危惧するものです。

原則無償の小学校の義務教育においても、2018年度から道徳が正式教科になり、生徒一人ひとりの評価が行われようとしています。金を出すのだから、保育・教育内容にも大いに口出しするという様相になっており、子どもの保育・教育をどのような内容にしていくかが鋭く問われているといえます。

(3)「保育の無償化」は保護者も願っている

「保育の無償化」は、保護者も強く願っていることです。現在の保育所保育料は、表1に示したとおりで、月額の最高保育料は、3歳未満が104、000円、3歳以上が101、000円となっています。保育に要する経費の約4割を利用者負担にするという設定になっており、保育料は保護者にとって多大なる負担です。

なお、保育料負担の考え方に関しては、保護者の市町村民税に応じて決めるといった応能負担となっています。高齢者福祉、障害者福祉の制度では、利用したサービスの種類と量（時間）によって利用料を設定する応益負担（原則1割）の考え方が導入されており、低所得者にとって利用料負担がサービス利用の抑制につながっていますが、現状では保育制度にそうした考え方は導入されていません。

国の保育料設定額は非常に高く、自治体レベルで軽減策がとられています。例えば京都市の保育料は表2のようになっています。月額の最高保育料は、0～2歳児で92、200円、3歳児で46、900円、4・5歳児で32、900円。年齢区分を3、階層区分を22に分けた上で、国が定める保育料を軽減する措置がとられています。低所得者や多子世帯への配慮、自治体独自の軽減策がとられているとは言え、多くの保護者は保育料負担に苦しめられており、今回の国の「保育の無償化」政策に多くの保護者が期待を寄せているのも事実です。3歳未満児の保育料についても所得制限を設けない、まさに全面的な保育の無償化を願っています。

表１　国基準の保育所保育料（保育標準時間／11時間／2018年度）

	3歳未満	3歳以上
①生活保護世帯	0	0
②市町村民税非課税世帯	9,000	6,000
③所得割課税額48,600円未満	19,500	16,500
④57,700円未満	30,000	27,000
⑤169,000円未満	44,500	41,500
⑥301,000円未満	61,000	58,000
⑦397,000円未満	80,000	77,000
⑧397,000円以上	104,000	101,000

表２　京都市の保育所保育料（保育標準時間／11時間／2018年度）

	0～2歳児	3歳児	4・5歳児
①生活保護世帯	0	0	0
②市民税非課税世帯	2,900	2,400	2,100
③市民税均等割のみ課税世帯	4,600	4,200	3,800
④市民税所得割課税額34,999円以下	7,500	6,500	5,700
⑤35,000円以上～41,999円以下	8,300	7,000	6,200
⑥42,000円以上～48,599円以下	8,800	7,300	6,700
⑦48,600円以上～58,099円以下	15,600	14,000	12,300
⑧58,100円以上～67,599円以下	20,000	16,500	13,600
⑨67,600円以上～77,100円以下	24,700	19,800	16,600
⑩77,101円以上～86,999円以下	25,800	22,400	18,800
⑪87,000円以上～96,999円以下	27,000	23,200	20,200
⑫97,000円以上～102,599円以下	28,200	23,800	21,000
⑬102,600円以上～110,899円以下	35,400	30,000	24,600
⑭110,900円以上～124,999円以下	36,600	32,800	26,400
⑮125,000円以上～138,599円以下	37,600	34,100	27,600
⑯138,600円以上～168,999円以下	44,500	37,400	30,500
⑰169,000円以上～174,599円以下	51,300	45,600	32,900
⑱174,600円以上～211,200円以下	58,600	46,900	32,900
⑲211,201円以上～300,999円以下	60,700	46,900	32,900
⑳301,000円以上～357,999円以下	69,900	46,900	32,900
㉑358,000円以上～396,999円以下	76,300	46,900	32,900
㉒397,000円以上～	92,200	46,900	32,900

（４）保育制度の拡充も、保育料の無償化も

今日の保育制度に関しては、保育所への入所を希望しても入れないといった待機児童が２０１７年10月1日現在で５５、４３３人も存在しており、待機児童の解消は喫緊の課題です。保育料を無償化すれば保育需要が拡大し、待機児童がさらに増えるのではないかという懸念もあります。

また、保育政策は保育の量的拡大に重点が置かれており、保育の質の充実が脇に置かれているともいえるでしょう。例えば3歳児の保育士配置は子ども20人に保育士１人というように職員配置は劣悪で、しかも、保育士の待遇は全産業平均を月額10万円も下回るという状況で（注２）、保育士不足が深刻化しています。これらの改善に経費を充てるべきということもできます。

このように保育制度をめぐってさまざまな課題が山積しているなかでは、優先順位をつけることも求められているかもしれません。しかし、保育料の無償化も正面に据えて、他の課題と同時並行的に政策を推進することが重要です。

（注２）『賃金構造基本統計調査』によると、２０１７年における全産業の平均月額給与は３３３、３００円であるが、それに対して保育士は２２９、９００円となっている。

⑴費用負担回避策として配置基準を下げてはならない

保育料は、保育の運営経費である公定価格にリンクしています。保育士の配置基準の引き上げや待遇改善をするには公定価格の引き上げが必然ですが、そうすると保育料も引き上がるという仕組みになってい

ます。逆に保育士の配置基準等を引き下げれば運営経費・公定価格は下がり、保育料も下がります。

２０１８年5月、厚生労働省において保育の質を検討する最低基準の議論が開始されました。「保育所等における保育の質の確保・向上に関する検討会」で、保育の質について「内容」「環境」「人材」の３つの観点で検討するとされています。「環境」の検討課題として、人員配置が取り上げられることになっていますが、職員の配置基準等を引き下げることで保育の運営経費を引き下げ、その結果として保育料の無償化費用を抑制するなど、あってはならないことです。国は２０１８年度より国基準を上回る自治体基準の引き下げを、都道府県に「待機児童対策協議会」を設置してすすめようとしており、おおもとの国の最低基準の引き下げも懸念されるゆえに、最低基準議論については注視すべきです。

(2)保育費用は誰が負担すべきか

「保育の無償化」は、消費税率の引き上げの根拠にされていると指摘しました。また「保育の無償化」を実施する際に自治体に今以上の費用負担がかかってくるのではないかという懸念（注3）があります。そもそも保育に要する費用は誰がどのように負担すべきなのか、この点を正面から議論する必要があるでしょう。

保育の費用は、現在は税負担方式が中心です。政府は今後、消費税率の引き上げで賄おうとしていますが、消費税は低所得者の負担が重い不公平税制といえるもので、不適切です。税負担においては、応能負担を原則とすべきで、所得税率の見直しによる高額所得者の税負担の引き上げや、法人税率の見直しによる大企業の税負担等の引き上げを強化していくべきだと考えます。もう一点、大切な方向性として、保育は子どもの発達保障と同時に保護者の就労保障の役割を果たしており、後者の観点からすると労働力を確保して利潤を得ている企業の責任を追求していくべきと考えます。つまり、保育に要する費用の一定部分を負担しなければならないのは企業であり、この点を重視する政策が問われているでしょう。

第2回「子どもと家族を応援する日本」重点戦略会議・基本戦略分科会（2007年4月11日）において、保育に要する費用をいかに求めていくかといった議論が行われています。そのなかで紹介されているフランスの状況は、保育をはじめとした家族政策を支える財源は全国家族手当金庫によって賄われており、歳入総額の実に51・4％を事業主（企業）が負担（2003年の数値）しているものでした。

わが国でも、保育に要する経費負担に関して企業負担の模索が始まっています。子ども・子育て支援法の69～71条を改定して（2018年4月1日施行）、子育て支援経費に充てる財源として事業主拠出金の上限を0・25％から0・45％に引き上げました。そして、児童手当・放課後児童クラブ・病児保育・延長保育・企業主導型保育事業等に限定されていたこの財源の使途を、0～2歳児保育の保育所運営費にも充てられるように変更しました。企業負担にもとづく保育費用の捻出が図られつつあり、この方向性を強めていくべきです。

繰り返しになりますが、低所得者ほど負担感が大きい消費税は、保育費用の財源としては不適切です。また、消費税率引き上げに対する国民の反対論も根強く、保育料無償化の財源になると言われても乳幼児を抱えていない世帯から批判の声が出ることも予想され、保育料の無償化を停滞させることになりかねません。このような意味からも、安易な消費税率引き上げによる「保育の無償化」政策をすすめるべきではありません。前述したように、応能負担を原則とした税制改革と企業負担の拡大によって保育費用を捻出する方向で保育料の無償化もすすめていくべきだと考えます。

（注3）保育料が無償化されると、その経費の4分の1は当該市町村の負担となり、市町村負担の保育経費総額は増額する。また、市町村独自で保育料の減免をしているところがかなりあるが、その場合は、国の無償化政策にともなって市町村独自の保育料減免分の経費負担は免れ、市町村負担の保育経費総額は減少する。

Report 2

「無償化」した自治体・大阪府守口市の現状

(1)守口市の幼児教育・保育施設の状況

守口市は、大阪市の北東に位置する、人口14万3599人（2018年5月1日）の衛星都市です。子ども・子育て支援新制度の施行にともない、守口市も「子ども・子育て会議」を2014年3月に立ち上げました。

守口市は、2012年12月に「もりぐち改革ビジョン（案）」を策定、市立幼稚園・保育所の集約化・統廃合を既に打ち出していました。「子ども・子育て会議」で守口市の幼児教育の在り方が論議されているなか、2015年7月に「幼児教育振興審議会」を発足させ、「守口市の市立幼稚園及び市立保育所の再編整備に関する基本計画（案）」を諮問、わずか2か月後の9月11日に答申書が出されました。答申書には25項目の附帯決議が付けられましたが、11月には統廃合スケジュールを含む基本計画が決定されました。

これにより、2017年には市立幼稚園3園・市立保育所9園・市立認定こども園2園であった公立の子育て施設が集約化され、2018年4月には、市立認定こども園3園・私立認定こども園22園（16）・私立保育所1園（1）・私立幼稚園2園（3）・小規模保育事業19園（18）・事業所内保育1園（1）となりました（カッコ内は前年度の数）。

資料１　守口市無償化に伴う市負担額

	０歳児	１歳児	２歳児	３歳児	４歳児	５歳児	合計	
2017.4.1.施設利用者数	272	461	494	850	975	909	3,961	（人）
無償化による市負担額	57,129	96,170	103,147	120,658	131,865	121,745	630,714	（千円）
１人当たり市負担額	210	209	209	142	135	134	159	（千円）

（守口市作成、「新守口」2016年12月18日号）

資料２　守口市独自基準の国基準への改悪

	１歳児	３歳児
守口市基準	3：1（運用で5：1若しくは4：1）	20：2（運用で15：1）
国基準に改悪	2017年度より6：1	2017年度より20：1

(2)無償化の財源

無償化の論議は、２０１６年3月議会ではじめてされました。9月議会で市長は、国の動きもあり、「3～5歳児については無償化を平成29年度から実施してまいります。加えて0～2歳児については公立保育所の民間移管の推進、待機児童解消の努力も合わせ平成29年度より実施してまいります」旨を答弁、12月議会で市は、0～5歳児までの保育施設等の利用者負担無償化を提案、修正案として入所率が高い4、5歳児の無償化が提案されましたが、原案どおり可決され、２０１７年度より実施されました。無償化に伴う市の負担額は6億円強と算定されています。ちなみに、２０１７年度予算としては６７５、４５６千円計上されました。

(3)無償化に伴って何が起きているのか

①配置基準の改悪

まず、保育士の配置基準の見直しが行われました。守口市は、この間、乳幼児に関して国が定める配置基準より手厚くしてきました。しかしながら、待機児童解消もあり、1歳児と3歳児が国の配置基準に改悪されました。

②待機児童の一層の増加

守口市の待機児童は、2011年から2014年にかけては45～50名程度で、2015年、2016年には減少しましたが、2017年4月には再び48名に跳ね上がっています。待機児童は特に0～2歳に集中し、深刻な状況となっています。

無償化に伴い守口市の人口は微増、0～5歳児の人口は増加の傾向にあります。さらに入所希望者の増加に伴い待機児童増に拍車がかかっています。守口市は、待機児童受け入れの弾力化と小規模保育事業で乗り切ろうとしていますが、3歳児になると連携施設が必要になるという問題も生じます。

③市立認定こども園における新たな食費の発生

従来は、3歳児クラス以上については、月・水・金曜日の主食は保育料でまかなっており、火・木曜日のみ主食を持参していました。

2017年度より、2号認定の場合、主食は実費徴収（月1000円）となりましたが、毎日提供されるようになりました。以前より、保護者からは実費徴収でも良いのでやってほしいという要求がありましたので、その部分では一歩前進かもしれません。

1号認定については従来、弁当と簡易給食で給食費の徴収がありました（月・水・金は弁当、火・木はパンと牛乳の簡易給食［パン100円、牛乳52円］でした）。2017年度より、230円×月間の給食予定日数の食費（上限4600円。2018年度は230円×年間給食予定日数÷11か月を毎月の給食費として徴収、月額4000円）が発生することになりましたが、きちんとした給食が提供されるのは前進

資料３　保育所等利用待機児童数の推移（各年４月１日現在、大阪府ホームページより）

年度	2010	2011	2012	2013	2014	2015	2016	2017	2018
待機児童	32	46	45	47	45	28	17	48	48

資料４　守口市待機児童数の状況（守口市ホームページより）

厚生労働省の定義の待機児童数

	0歳児	1歳児	2歳児	3歳児	4歳児	5歳児	合計
2016. 4. 1	2	8	6	0	0	1	17
2016. 10. 1	8	10	5	1	0	0	24
2017. 4. 1	1	28	11	8	0	0	48
2017. 10. 1	42	23	8	7	1	0	81
2018. 4. 1	17	34	7	0	0	0	48

未利用児童数

	0歳児	1歳児	2歳児	3歳児	4歳児	5歳児	合計
2016. 4. 1	19	54	26	9	1	1	110
2016. 10. 1	148	76	58	14	4	3	303
2017. 4. 1	23	57	40	32	1	0	153
2017. 10. 4	141	65	48	35	8	0	297
2018. 4. 1	25	143	54	12	2	6	242

資料５　０～５歳児合計人口推移（守口市）

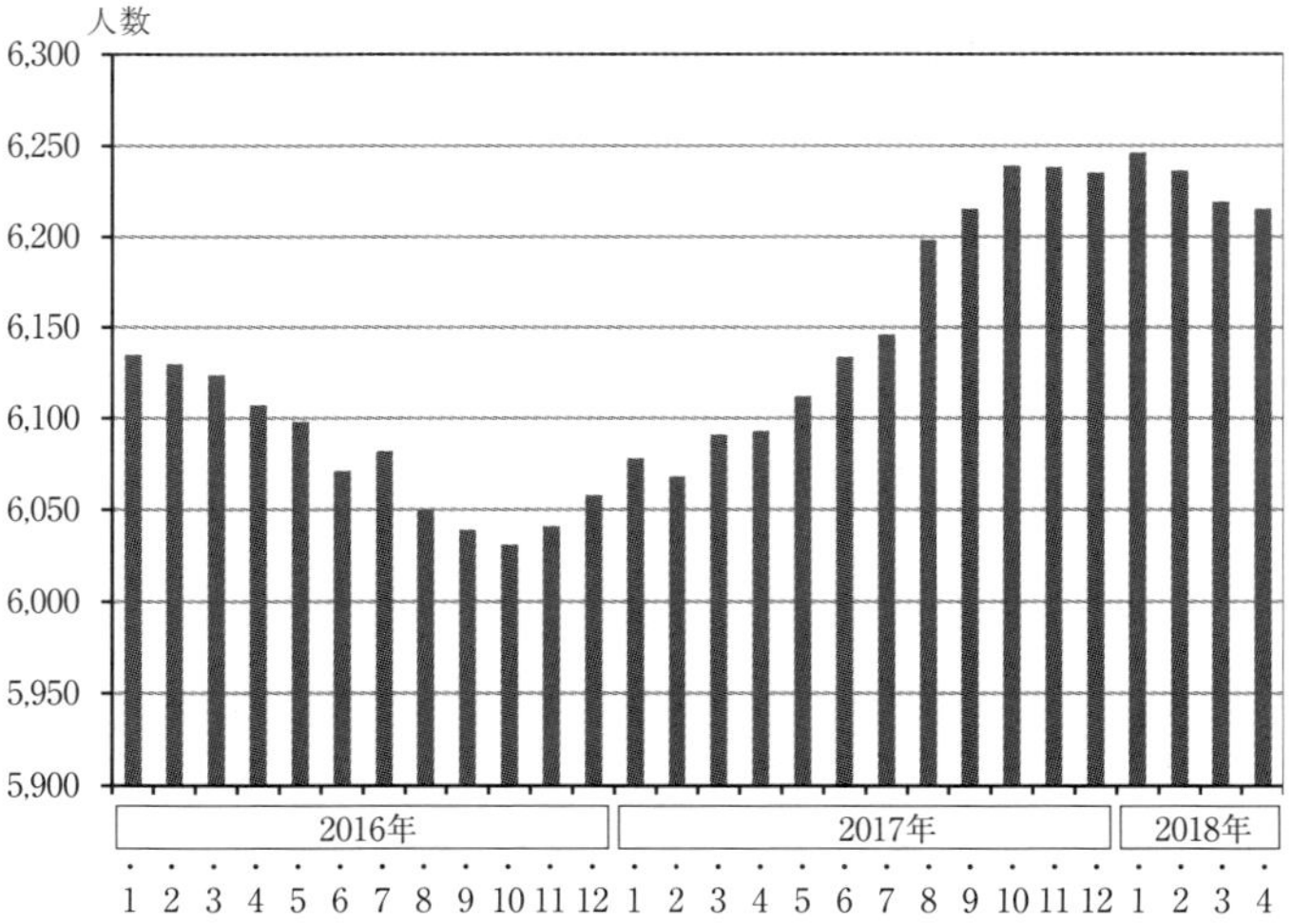

かもしれません。

④延長保育について

２０１８年４月より、12時間保育がスタートしました。１号認定の保育時間は９時から14時30分で、それ以外は４００円（４時間を超える場合は５００円）、土曜日及び長期休業日では４時間以内は４００円、４時間超８時間以内は８００円、８時間を超えると９００円の保育料が利用時間によって発生します。２号・３号認定の短時間保育の時間外は30分１００円、標準時間保育は18時30分以降、30分１００円の保育料が発生します。

時間外保育中の補食の提供はなく、お茶などの水分が提供される予定です。

⑤市立認定こども園における保育内容の後退

前述の内容以外にも、以下のような状況が生まれています。

春の遠足について、これまでは３歳児のみがお散歩遠足でしたが、２０１８年度からは３・４・５歳児クラスがお散歩遠足になりました。１号認定の子どもも参加するので、今年度は午後２時に帰ってくるような内容になりました。

２０１７年度の春の遠足では、４・５歳児はバスに乗って、３時のおやつも現地で食べ、４時前に帰ってくるなど、１号認定の子どもも２号認定の子どもと同じように過ごしていました。２０１８年度は、１号認定の遠足が予算化されておらず、４・５歳児のバス遠足が〝散歩でお弁当を食べて帰ってくるだけ〟

という内容に変更されました。保護者会では、遠足に行かせてあげたいという声も出ています。幼稚園では保護者から遠足費用を実費徴収していた経過がありました。

また、毎年、運動会のごほうびとして1冊ずつ渡していた自由画帳もなくなります。クリスマスのプレゼントも、個人にではなく予算の範囲内で園に対して贈るという形に変更される予定です。

⑥制服代について

市立認定こども園においては、スモックが体操服に変わりました。私立の認定こども園では、3年間制服をレンタルするところや、新たに体操服を購入しないといけないところがあります。

⑦各種団体への補助金カット等

2017年度予算では、地域コミュニティ協議会、社会福祉協議会及びシルバー人材センターなど、多くの団体に対して交付されてきた補助金が、5~10%程度削減されました。欠員の穴埋めとして採用されていた臨時職員給が半分に減額されました。

(4)無償化と待機児童増加に伴う問題点

無償化に伴い、守口市では待機児童数が増加しています(資料4参照)。ここから3つの問題点が指摘できると考えます。

①入園できない乳幼児には無償化のメリットはありません。

②入園できなければ、保護者は働くことができなくなります。
③入園できなければ、本来保障されるべき保育・教育が提供されません。

このことにより、入所できた乳幼児と待機児童の間に大きな格差が生じます。

更に、「幼児教育・保育料無償化」であることにより、私立施設に入園した乳幼児については、制服や教材費等の負担が増えます。また、預かり保育については実費負担であること、1号認定では利用者負担額に給食費が含まれていないことから、保護者負担に差が生じています。

守口市は、保育の受け皿拡大策として、2018年予算のなかで、次の補助事業を計上しています。

【国庫補助事業の活用】

①保育士宿舎借り上げ支援事業：条件＝法人の借り上げ
予算47、232千円　61、500円／月　＊補助率75％
②保育補助者雇上強化事業　予算70、880千円
定員120人以内＝2、215千円／月
定員121人以上＝4、430千円／月

【市単独事業】

①保育士等処遇改善事業（2、000円／月）予算14、772千円　＊時限付き継続
②待機児童受入促進事業　予算13、464千円
施設整備時の認可定員を超えた受け入れ園に対する奨励的補助（0～2歳児）
③保育人材育成研修参加支援事業　予算2、408千円　＊補助率50％

④保育士確保就職フェア開催支援　予算1、200千円　＊補助率50％

【新たな待機児童受け入れ促進】

①保育士処遇改善研修事業　予算25、876千円　＊補助率100％

処遇改善Ⅱの要件となるキャリアアップ研修の受講料補助

②保育環境充実事業

保育の受け皿拡大　予算2、500千円　＊補助率50％

　大規模改修を伴わない定員増につながる保育室及び園庭の拡大に資する工事補助

保育の質の確保　予算2、300千円　＊補助率100％

　民間園で行う保育の質の向上に要する経費（教材教具、道具、書棚等）の補助

(5)待機児童解消ならびに子育て支援の充実のために

近隣市でも保育料無償化が実施されてきていますが4歳・5歳からで、守口市のように0歳児からというのは都市部では例を見ません。守口市は「いずれ国も保育料無償化に向かうのだから、守口だけという状況は続かない」としていますが、引越しや他市からの委託が増え、待機児童は増えています。

守口市は、待機児童数増加の要因として、無償化施策をはじめとする子育て支援施策の充実だけではなく、子ども・子育て支援新制度にともなう保育ニーズの増大があると考えており、今後は小規模保育事業所設置の更なる受付・認可をはじめ、私立の認定こども園などによる民間での保育の受け皿拡大で対応しようとしています。更に、補助金制度の再構築に加え、廃止後の本市保育施設の民間での有効活用につい

ても、公有財産の有効活用の観点から検討を開始するとしています。

待機児童解消は大きな課題であるのに、受け皿である公立保育所5か所・幼稚園3か所を廃園にし、小規模保育事業をどんどん増やさざるを得ないという矛盾が生じています。

保育の充実には、まず入園を希望する乳幼児の受け入れ確保が喫緊の課題です。統廃合により廃止される施設もあるなかで、当面の対応として廃園になる施設を利用することは可能ではないでしょうか。将来の人口を考慮するにしても、今の乳幼児は待ってくれません。真の幼児教育の充実には、国による財源保障の裏付けによる施策の充実が求められるのではないでしょうか。

〈コラム④〉 学童保育に関する保護者の費用負担

「保育」をめぐる保護者の費用負担は、「乳幼児保育」だけの問題ではありません。子どもが小学生になってからも、「学童保育」に関する費用負担が問題になります。厚生労働省の「平成29年（２０１７年）放課後児童健全育成事業（放課後児童クラブ）の実施状況」によれば、学童保育（放課後児童クラブ）の84・４％が保育料を徴収しているとされ、その月額は表のようになっています。２万４５７３か所ある全国の学童保育のうち、約66％の学童保育で４千円以上となっており、約42％の学童保育で６千円以上となっています。

さらに、学童保育においても、「隠れ保育料」にあたるものがあります。その代表的なものは「おやつ代」です。全国学童保育連絡協議会が２０１２年に実施した調査の結果をみると、おやつ代の月額について、回答のあった自治体の31・４％が２千円としており、11・８％の自治体は２千円を超えるとしています。

そうした費用負担は、「乳幼児保育」と異なり、多くの場合、家庭の経済力にかかわらず一律に発生します。全国学童保育連絡協議会は、各学童保育における「保育料の決め方」を調査していますが、「一律」が76・５％、「学年別」が18・２％であり、「所得別」は３・０％でしかありません。

また、全国学童保育連絡協議会の調査によれば、保育料の減免があるという自治体は57・４％にとどまっています。厚生労働省の資料をみると、「利用料の減免を行っている」という自治体が増えてきていることがうかがえますが、市町村民税非課税世帯であっても減免の対象にならないことも多く、保育料減免の制度は極めて不十分です。

保護者の費用負担は、学童保育からの子どもの

学童保育の保育料（月額）

2,000円未満	537か所	（2.6%）
2,000～4,000円未満	4,034か所	（19.5%）
4,000～6,000円未満	5,832か所	（28.1%）
6,000～8,000円未満	4,688か所	（22.6%）
8,000～10,000円未満	2,676か所	（12.9%）
10,000～12,000円未満	1,566か所	（7.6%）
12,000～14,000円未満	514か所	（2.5%）
14,000～16,000円未満	334か所	（1.6%）
16,000円以上	555か所	（2.7%）

＊カッコ内は保育料の徴収を行っている学童保育数（20,736か所）に対する割合。厚生労働省（2017）より

「排除」につながります（石原剛志「子どもの生存権保障としての学童保育」日本学童保育学会編『現代日本の学童保育』旬報社、２０１２年）。保育料等の負担を理由に、学童保育を退所する子どもや、費用がかからない児童館や「全児童対策事業」に通う子どもがいるのです。費用負担があるために学童保育に入ることができず、「留守番」を余儀なくされている子どもがいることは、見過ごせるものではありません。

経済的理由で子どもが学童保育に通えないことがあってはなりません。経済的な厳しさをかかえる家庭の費用負担をなくすことは、緊急の課題です。学童保育の無償化を視野に入れながら、保護者の費用負担の軽減を進めていく必要があります。

もっとも、おやつ代のことを考えてみても、保護者の費用負担の軽減だけを単純に追求すればよいということにはなりません。費用負担の軽減と引き換えに、おやつが廃止されたり、おやつの内容が悪化させられたりするなら、それは問題です。保護者の費用負担に依存することなく、小学生の生活にふさわしいおやつが保障されるよう、国や自治体が役割を果たさなければなりません。

さらに言えば、おやつだけでなく、学童保育での昼食についても、国や自治体は関心を向けるべきではないでしょうか。数少ないとはいえ、学校の夏休みに学童保育で給食を実施している例はあります（鳫咲子「埼玉県越谷市における夏休みの学童保育室への給食提供」阿部彩・村山伸子・可知悠子・鳫咲子編著『子どもの貧困と食格差』大月書店、２０１８年）。学童保育において、無償で良質の給食が実施されるならば、子どもたちの食生活が充実するとともに、保護者の負担も大幅に軽くなるはずです。

第4章　実費徴収に係る補足給付事業

「隠れ保育料」について考えていくうえで重要なものとして、「実費徴収に係る補足給付事業」（以下、補足給付事業）があります。補足給付事業は、未だ極めて不十分ですが、これからの拡充・活用が求められるものです。ここでは、補足給付事業について、その現状を概観したうえで、問題点を整理し、今後の課題を提起します。

（1）補足給付事業の概要

補足給付事業は、子ども・子育て支援新制度において、地域子ども・子育て支援事業の一つとして位置づけられており、市町村が実施主体となります。保育施設における実費徴収額について市町村が補助するものです。子ども・子育て支援法の第59条では、「保護者が支払うべき日用品、文房具その他の教育・保育に必要な物品の購入に要する費用又は特定教育・保育等に係る行事への参加に要する費用その他これらに類する費用として市町村が定めるものの全部又は一部を助成する事業」として規定されています。対象

表１　補足給付の対象項目と上限額

対象項目	支給認定区分	上限額（1人当たり）
⑴食材料費以外の実費徴収額	１、２、３号認定	2,500円×対象月数 （年額30,000円）
⑵副食費	１号認定のみ	4,500円×対象月数 （年額54,000円）

表２　補足給付の対象項目の具体例（京都市）　＊京都市の説明資料より

補足給付の対象	○日本スポーツ振興センター保険料 ○園児個人の所有になるもの 例）着衣（スモック，帽子，制服・体操着等），かばん類，氏名ゴム印，ネームプレート，教材，絵本，お道具箱，スケッチブック，粘土，画具，のり，ハサミ，出席帳等 ○園外保育，行事等に係る経費（観劇料，入場料，交通費等） ○夏のプール水道代 ○通園バス代 ○寝具代，オムツ等 ○副食費（１号認定の方のみ）
補足給付の対象とならないもの	○写真・ＤＶＤ代，アルバム代 ○３歳児以上の主食費 ○上の品目であっても，入園前に徴収するものや，保護者の方から業者へ直接支払いするもの。 ○保護者会費 ○体操教室などの上乗せ徴収分 ○利用契約時間を超えた場合に係る徴収分

になるのは主に生活保護世帯であり、市町村民税非課税世帯などは基本的に対象にならないのが現状です。

補足給付事業においては、必ずしも実費徴収額の全額が給付されるわけではありません。表１に示すように、対象となる実費徴収項目の範囲は制約されており、上限額が定められています。表２にもあるように、「３歳児以上の主食費」「写真・ＤＶＤ代、アルバム代」「保護者会費」などは補足給付の対象項目から外されています。

⑵ 補足給付事業の実施状況

補足給付事業は、対象者や対象項目が限られており、給付額に上限があるとはいえ、保護者の費用負担の軽減のためには、十分に活用されるべき制度です。しかし、国の子ども・子育て会議の資料によると、２０１５年

表３　各都道府県での補足給付事業実施市町村割合（2015年度）

北海道	2.2%	東京都	24.2%	滋賀県	36.8%	香川県	0.0%
青森県	7.5%	神奈川県	30.3%	京都府	23.1%	愛媛県	5.0%
岩手県	9.1%	新潟県	6.7%	大阪府	7.0%	高知県	5.9%
宮城県	5.7%	富山県	6.7%	兵庫県	58.5%	福岡県	5.0%
秋田県	12.0%	石川県	21.1%	奈良県	0.0%	佐賀県	10.0%
山形県	5.7%	福井県	5.9%	和歌山県	0.0%	長崎県	23.8%
福島県	5.1%	山梨県	0.0%	鳥取県	5.3%	熊本県	2.2%
茨城県	27.3%	長野県	1.3%	島根県	0.0%	大分県	11.1%
栃木県	20.0%	岐阜県	11.9%	岡山県	0.0%	宮崎県	30.8%
群馬県	14.3%	静岡県	17.1%	広島県	17.4%	鹿児島県	14.0%
埼玉県	14.3%	愛知県	5.6%	山口県	5.3%	沖縄県	2.4%
千葉県	9.3%	三重県	3.4%	徳島県	8.3%	全国平均	10.6%

＊子ども・子育て会議（第28回）（2016年7月28日）の資料より作成

度に補足給付事業を実施していた自治体は全国で１８４市町村にとどまります。各都道府県での実施市町村割合をみると（表３）、山梨県・奈良県・和歌山県・島根県・岡山県・香川県では実施市町村割合が０・０％となっています。兵庫県では58・５％、滋賀県では36・８％、神奈川県では30・３％というように、都道府県間で実施市町村割合には差がありますが、総じて実施市町村割合は低く、全国平均は10・６％でしかありません。補足給付事業においては費用の３分の１が市町村の負担になるため、積極的に実施する市町村が少なくなっていると考えられます。

しかし、重大な社会問題になっている「子どもの貧困」のことを考えても、補足給付事業が果たすべき役割は小さくありません。補足給付事業は、基本的には全市町村における実施が追求されるべきものです。

（３）補足給付事業の問題点

補足給付事業を実施する市町村の拡大が重要な課題ですが、補足給付事業をめぐる課題はそれだけではありません。補足給付事業の内容自体にも、いくつかの大きな問題があるのです。

一つめは、主な対象者が生活保護世帯に限られていることです。学校教育に関しては、補足給付に類似する役割をもつものとして就学援助がありますが、その対象者は生活保護世帯に限定されていません。学用品費や学校給食費などを援助する就学援助は、生活保護法が規定する要保護者だけでなく、「要保護者に準ずる程度に困窮していると認める者」も対象とするものです。文部科学省の調査によると、２０１５年度の就学援助対象人数は約１４７万人であり、就学援助率は15・23％となっています。少なくとも就学援助と同じ程度の範囲が対象となるよう、補足給付事業の対象者を拡大するべきでしょう。

二つめは、主食費が対象にならないことです。３歳児～５歳児については、主食費が実費徴収額の大きな割合を占めがちです。主食費以外の実費徴収額が補足給付によって補われたとしても、主食費が対象にならなければ、保護者の費用負担は小さくないものになるのです。この点にかかわって、学校教育についての教育扶助や就学援助の制度をみると、学校給食費の支給は制度の重要な部分になっています。補足給付事業においても、主食費が対象項目に含められるべきでしょう。

三つめは、保護者会費が対象外とされていることです。２０１５年３月に国が示した「事業者向けＦＡＱ（第７版）」においても「ＰＴＡや保護者会の運営に要する費用については（中略）補足給付事業の対象となる実費徴収額には含まれません」とされていますが、教育扶助や就学援助の制度においては、「ＰＴＡ会費」「生徒会費」「クラブ活動費」が対象になり得ます。保護者会費を補足給付事業の対象にしてはならない理由は薄弱です。

四つめは、補足給付の上限額にかかわる問題です。京都市の保育施設を対象とする調査においても、主食費以外の実費徴収額が補足給付の上限額を上回る保育施設が珍しくないことが示されています。後述するように、実費徴収額の全額を補助するものとして補足給付事業が設計されていないことがそもそも問題ですが、主食費以外の実費徴収額にさえ十分に対応できていないことは、補足給付事業の重大な欠点です。

なお、対象者となるべき保護者に補足給付が漏れなく給付されているかどうかが必ずしも明らかでないことも、補足給付事業をめぐる問題点と言えます。情報の周知がなされないことなどによって、補足給付を受けられる人が給付から漏れるようなことがあってはなりません。

（4）補足給付事業の発足過程にみられる問題

右に列挙した四つの問題点は、２０１２年8月に子ども・子育て支援法が成立した後、２０１５年4月に子ども・子育て支援新制度が発足するまでの過程において生じている面があります。

２０１４年1月29日の子ども・子育て会議（第12回）の資料においては、「補足給付の対象となる実費徴収の範囲をどの程度のものとするか」「補足給付の対象者をどの範囲に設定するか」という「検討の視点」が挙げられており、前者については「生活保護制度における教育扶助、学校教育法に基づく就学援助制度も参考に検討するか」と記されていました。参考資料においては、教育扶助や就学援助の対象となる費用項目が示されており、そこには「学校給食費」や「ＰＴＡ会費」が含まれています。つまり、この時点においては、主な対象を生活保護世帯に限定することや、主食費を補足給付の対象から外すことは、まだ確定していなかったと解釈できます。

しかし、2014年3月24日の子ども・子育て会議（第13回）の資料においては、上記の「検討の視点」に関して、「別途議論されている質の改善事項における対応を踏まえ、0・7兆円の財源の範囲での具体的な公定価格の設定に当たっては、生活保護世帯における補助を行うこととしてはどうか」と記され、「市町村民税非課税世帯への対象の拡大については、1兆円超の財源を確保した段階で実施する方向」という注釈が付されています。そこに出てくる「別途議論されている質の改善事項」にかかわって、2014年2月14日の子ども・子育て会議基準検討部会（第14回）の資料をみると、補足給付事業の推定所要額が提示されており、「生活保護世帯に対する学用品、通園費、給食費等の半額〜全額の補助」については「3億円〜7億円程度」、「市町村民税非課税世帯に対する学用品、通園費、給食費等の半額〜全額の補助」については「52億円〜103億円程度」とされています。

そして、2014年4月23日の子ども・子育て会議基準検討部会（第19回）の資料をみると、補足給付事業について、「まずは生活保護世帯に対する半額の補助」と記されており、所要額は「3億円程度」とされています。また、2015年1月22日の子ども・子育て会議（第21回）の資料では、補足給付事業について、上限額を含め、現行と同じ制度内容が示されています（図示されている「事業のイメージ」をみると、生活保護世帯についても、上限額を超える部分の実費徴収額について保護者負担が生じることが想定されています）。

要するに、補足給付事業の対象者の範囲、対象項目の範囲、給付の上限額などは、合理的な根拠に基づいて設定されたわけではなく、財源の都合によって決められたものに過ぎないと考えられるのです。

こうした経緯からしても、補足給付の対象者の範囲などを固定的に考える必要はありません。逆に、補足給付事業の発足過程においては給食費の全額補助なども視野に入っていたこと、市町村民税非課税世帯を対象に含める必要性も考えられていたことについて、着目が必要です。

(5) 補足給付事業の拡充と実費徴収の縮減を

以上のことをふまえて整理すると、補足給付事業をめぐる課題として次のようなことが挙げられます。

第一は、補足給付事業を実施する市町村を広げていくことです。実施状況の把握を進めながら、各市町村に働きかけていくことなどが求められます。

第二は、補足給付事業が実施されている市町村において、給付に漏れが生じないよう、補足給付事業の活用を確実なものにしていくことです。各市町村において、実際に補足給付を受けている人数などを把握することが必要でしょう。

第三は、少なくとも就学援助と同じ程度になるように、補足給付の対象者の範囲を広げることです。市町村民税非課税世帯については、消費税の増税を条件にすることなく、早急に対象者に加えるべきです。

第四は、補足給付の対象となる費用項目を広げることです。主食費を対象にすることは急務ですし、保護者会費も対象に含めるべきです。

第五は、実費徴収額の全額が補足給付事業によって補助されるようにすることです。これにかかわっては、保育施設における実費徴収額に上限を設定することなども検討されなければなりません。

これらのことにより補足給付事業を拡充していくことが求められますが、加えて、根本的に重要なことは、実費徴収額そのものを縮減していくことです。そもそも、保育に必要なもの全部が公的に保障されていれば、実費徴収は不要なのです。実費徴収なしで「子どもの最善の利益」にかなう保育が保障されることを、補足給付事業の拡充と合わせて追求するべきでしょう。

（6）「保育の無償化」と補足給付事業

政府が方針を示しているような「保育の無償化」が進められたとしても、主食費等の実費徴収がなくなるわけではありません。それどころか、今後の流れによっては、給食費（食材料費）の負担が増大しかねません。2018年5月に「幼稚園、保育所、認定こども園以外の無償化措置の対象範囲等に関する検討会」がまとめた報告書は、「保護者から実費として徴収している通園送迎費、食材料費、行事費などの経費については、無償化の対象から除くことを原則とすべきである」としたうえで、「認可施設における食材料費の取扱いが保育の必要性の認定種別間で異なっている現状があり、上記原則を踏まえた対応について早急に検討すべきである」と述べています。こうした方向性のもとでは、3号認定の0歳児から2歳児の食材料費が保護者負担にされてしまうかもしれません。また、2号認定の3歳児から5歳児については、主食費だけでなく副食費も保護者負担になる可能性があります。

保育料が無料になる一方で、「隠れ保育料」が残ったり増えたりすることは、低所得世帯にとっては特に大きな問題です。「保育の無償化」によって解消される保育料負担は、3歳児から5歳児については、相対的に所得の多い世帯ほど大きく、所得の少ない世帯ほど小さいものです。もともと保育料が無料になっている世帯にとっては、「保育の無償化」で軽減される費用負担は何もありません。それなのに、「隠れ保育料」の負担は、低所得世帯にも被さり続けます。それればかりか、「保育の無償化」は消費税の増税と一体であるため、消費税の負担が膨らむことになります。「保育の無償化」は、世帯間の経済的格差を広げるのです。

そうしたことを考えると、補足給付事業の重要性が改めて浮かび上がります。補足給付事業を拡充することによって、低所得世帯の費用負担を軽減することができ、経済的格差の拡大を多少は緩和することができます。「保育の無償化」を強引に進めること自体の問題性を考えることも必要ですが、「保育の無償化」が進められる場合には、補足給付事業の大幅な拡充が不可欠です。相対的に所得の多い世帯の保育料が無料になる一方で、低所得世帯の費用負担が増大するような事態は、許されるものではありません。

前述のように、２０１４年３月24日の子ども・子育て会議（第13回）においては、補足給付事業の対象を市町村民税非課税世帯にまで拡大することについて、「１兆円超の財源を確保した段階で実施する方向」とされていました。消費税が10％に増税される場合には補足給付事業の対象を拡大するという方向性は、既に確認されているものなのです。消費税の増税を歓迎することはできませんが、仮に政府が増税を強行するのであれば、補足給付事業の拡充は絶対になされなければなりません。

おわりに

子どもの育つ権利が保障される環境とは、いったいどういったものでしょうか。本書では「隠れ保育料」に焦点をあて、保護者、保育者、研究者、それぞれの視点からまとめることができました。

いわゆる「隠れ保育料」について関心を持ちはじめたのは、保護者の質問がきっかけでした。ずいぶん前になりますが、京都市保育園保護者会連合協議会（京都市保連）の会議で各園の保護者が問題意識を出し合ったとき、ある保護者が「保育園の発表会のＤＶＤが１枚１５００円で販売されます。きょうだいで３０００円。みなさんの園ではどうですか」と言われました。そもそもＤＶＤにして販売すること、そして、その高い価格にも驚きました。それにつづいて、主食費、教材費、お泊り保育、写真の販売、園バス、絵本文庫、スイミング教室など、さまざまな実費徴収や上乗せ徴収が行われていることがわかり、保護者が出し合っただけでも保育所によって費用負担がかなり異なるという実態がみえてきました。さらに実態はどうなっているのか知りたいと考えてきましたが、数年越しでようやくアンケートを実施し、「保育料以外の負担を考える会」（考える会）を設立することになりました。

調査をすればするほど、「隠れ保育料」はさまざまな問題を含んでいること、合わせてその実態が保護者にはよくわからないことも明らかになりました。子どもを保育園にあずけようとする保護者にとって、いちばんの心配事は保育所に入れるかどうかであり、見学や資料に目を通すことで保育内容への関心は高くなりますが、保育料以外の費用負担にまで関心が向く余裕はないでしょう。さらに言えば、保育園や行政が公表している情報は極めて少なく、入所後に他園と比べる機会もまずありません。その結果、「隠れ保育料」についても疑問ももたず、「こんなものだろう」と負担しているのが現実ではないでしょうか。

私たちは、本書でも紹介しているように、保育園および保護者からの調査をまとめ、さらに「隠れ保育料」の実態を明らかにするため、考える会のミーティングだけでなく、2017年6月25日に開催された第49回京都保育のつどいの分科会や、2018年3月3日にシンポジウム「保育の無償化、ホントに無料《タダ》?!～知っていますか? #隠れ保育料のこと」を行い、施設長や保育者にも出席していただいて、それぞれの視点と受け止めから深く掘り下げてきました。なお、「隠れ保育料」という呼び名は、シンポジウムのテーマを決める際に考えたものです。

これらの集まりで出された声の一部を紹介します。

〈保護者から〉

「お金のことはタブー、言っちゃいけない雰囲気」「布団レンタル、経済的に払えないは言いづらい」「いろんな費用を払えない人、払わない人、支払いが遅れると（保護者と園との）関係性にヒビが入るかも」「入所相談で福祉事務所に行ったが『実費状況について市はつかんでない、わからないので、一つひとつの園を回ってください』と言われた」「入園時に、園から『ご飯出すときに暖かいモノを出したい』

と説明された。高いと思うか、安いと思うか、給食も手作り、国産の材料を使っているので、自分の中では落ち着いた」「布おむつ持参からレンタルになって月5000円、年5〜6万円の負担になる」「絵本の購入は断れず、月数百円だけど、自分が読ませたいと思う本を買いたいと思っていた。子どものことを思ったら、家庭では与えられない機会と考えた」「入所前の説明会では布団は必要ないと説明されたのに、入所後に布団持参になった」「前は、無認可に入所して月4万5千円の保育料以外にミルク、おむつ、弁当500円、土日利用には5千円等と高かった。その後、公立に入所して、こんなに負担が減るのかと実感した」「先生の負担も大きいので写真販売が業者に変わったところ、1枚130円と送料負担に。3人となると結構な額」など、費用負担への疑問と同時に、日々の悩みの様子がうかがえます。

〈施設長・保育者から〉

「保護者の布団持ち帰りの大変さを考え、園で購入してレンタルを検討し実施した」「卒園される保護者に、布団のおさがりや布おむつ、おむつカバーのおさがり協力もお願いしている」「耐震改修が必要だけど、補助金の条件でなかなか改修できない。10年、15年先への不安がある。他の園の運営状況、工夫も知りたい」「(アンケート結果を見て)保育所による負担の違いにびっくり。入園時に重要事項説明はするが、保護者が『いや』とは言えないですね」「保育に必要なものは、公的負担が必要ではないかとも思っている」「体操教室等で多くのお金をとるのはおかしいと思う。親の格差が子どもの格差になる。ただ、一定のベースの中で、園ごとの違いはあっていいと考えている」「駐車場を近隣に確保して、登録制で月500円、1回100円。さらに台数を増やしたことで、月700円、1回200円にしたが、それでも園からの持ち出しがある」「限られた公費で保護者への負担を増やさずに保育実践の工夫で補っている。お金がもう少しあれば」「給食費の徴収の際、払ってもらえない場合は繰り返し声をかける苦労もある」など、運営する責任のもとで保護者への対応や費用負担をめぐるジレンマがうかがえます。

考える会は、2018年2月に「①保育所、認定こども園その他の保育施設の費用負担について情報公開の仕組みを整備してください。②費用負担が適正な金額となるよう基準を設けるとともに、保育に不可欠な費用は公費で負担するようにしてください。③実費徴収に係る補足給付事業の対象者、対象となる費目、及び上限額を拡充してください」という3項目の要望書を京都市に提出しました。

京都市保連では、情報を開示するよう京都市に要望してきており、2013年度以降、保護者の保育所選択の参考とするために、情報を開示するよう京都市は「時期は決まっていないが、今後公開していく」と回答し、ようやく2016年秋に入所申請時に各保育施設の情報の一部を公開しました。ただし「隠れ保育料」の公開については、いまだにまったくと言っていいほど不十分な状況です。

いま、保育の格差、子どもの貧困が明らかになってきているなかで「隠れ保育料」とも言える保育料以外の費用負担の問題について光を当てなければ、「幼児教育・保育の無償化」は名ばかりのものとなり、むしろ、保育という子どもたちの世界に経済格差や教育格差を持ち込む結果になることを私たちは危惧しています。本書ではふれていませんが、高い保育料、増える待機児童、劣悪な保育士の処遇などが改善されること、そして、あってはならない保育園での事故への対策は待ったなしの課題です。

本書の編集にあたって、保護者ならびに保育施設長など多くの方にアンケートやインタビューにご協力いただきました。心から感謝します。この本がひとつの問題提起となり、新たな関心を生み、子どもの育つ権利を保障する環境改善と条件整備がすすむことを願っています。

[執筆者紹介] 登場順（＊は編者）
＊田中　智子（たなかともこ）佛教大学・京都市民間保育園保護者　はじめに／１章
＊丸山　啓史（まるやまけいし）京都教育大学・京都市民間保育園保護者
１章／コラム④／４章
本郷　浩二（ほんごうこうじ）京都市営保育所保護者　レポート①
岡田　佳子（おかだよしこ）京都市民間保育園園長　コラム①
末友　響子（すえともきょうこ）京都市営保育所保護者　コラム②
井原　哲人（いはらあきひと）白梅学園大学・小平市認証保育所保護者　２章
景山　一正（かげやまかずまさ）岡山市民間保育園園長　コラム③
藤井　伸生（ふじいのぶお）京都華頂大学　３章
吉田　忠正（よしだただまさ）守口市職員労働組合組織支援員　レポート②
＊森田　　洋（もりたひろし）保育料以外の負担を考える会　おわりに

[初出について]
１章は田中智子・丸山啓史・森田洋「保育施設の利用にかかる費用負担－京都市の実態と保護者の取り組み」『保育情報』491・492号（2017年10・11月）、４章は丸山啓史「『実費徴収に係る補足給付事業』をめぐる課題」『保育情報』493号（2017年12月）。掲載に際して加筆修正を行っています。

隠れ保育料を考える
――子育ての社会化と保育の無償化のために――

2018年８月25日　第１刷発行

編著者――©田中智子・丸山啓史・森田　洋
保育料以外の負担を考える会
発行者――竹村　正治
発行所――株式会社　かもがわ出版
〒602-8119　京都市上京区堀川通出水西入
☎ 075(432)2868　FAX 075(432)2869
振替 01010－5－12436
制作・印刷――新日本プロセス株式会社

ISBN978-4-7803-0978-2　C0036